# Cocina con
# ALIMENTOS de
# TEMPORADA

# Cocina con
# ALIMENTOS de
# TEMPORADA

**RBA**

© RBA REVISTAS, S. L., 2014
© del texto: Eva Mimbrero
© de esta edición: RBA Libros, S. A., 2018
Avda. Diagonal, 189 – 08018 Barcelona
rbalibros.com

Diseño de cubierta: Rocío Hidalgo
Diseño y maquetación: Tana Latorre
Fotografía de interiores: Archivo RBA, Shutterstock

*Primera edición: marzo de 2018.*

REF.: RPRA439
ISBN: 978-84-9187-001-2
Depósito legal: B. 1859-2018

Impreso en España - *Printed in Spain*

# CONTENIDO

**INTRODUCCIÓN**                                     8

Cocinar con alimentos de temporada facilita que tus platos ganen
en sabor y propiedades nutricionales. Además, al crecer la oferta de
estos productos, tu bolsillo también puede beneficiarse.

*sus ventajas*

# Descubre los sabores de temporada

Respetar los ciclos de la naturaleza en tus platos te ayudará a que tus recetas ganen en sabor y propiedades saludables: los alimentos de temporada están en su punto óptimo de maduración y, por eso, aportan más nutrientes.

Gracias a la expansión de los cultivos en invernaderos y los avances en la refrigeración de los alimentos podemos disponer de la mayoría de frutas y verduras durante todo el año. Pero hay que tener en cuenta que, en estos casos, normalmente el producto se recoge sin que llegue al punto óptimo de maduración, lo que le resta nutrientes y sabor. Además, cuanto más tiempo pasa entre la recolección y su consumo final más vitaminas y minerales pierde.

Ambos factores explican por qué el gusto y el aroma, por ejemplo, de un tomate de invernadero pueden ser tan diferentes al de otro madurado al aire libre y recogido en la época adecuada.

### MUY LIGADOS A LO QUE EL ORGANISMO NECESITA EN CADA MOMENTO

Además de la excelencia de su sabor, conocer y utilizar los alimentos de temporada en nuestras recetas tiene otras ventajas. Te las mostramos:

● **Gustosos... y saludables.** La naturaleza nos ofrece, a través de los alimentos, los nutrientes que más nos convienen en función de cada una de las cuatro estaciones. Por ejemplo, en otoño e invierno frutas y verduras suelen ser muy ricas en vitamina C, imprescindible para fortalecer nuestro sistema inmunitario. En verano, en cambio, muchos de los vegetales propios de esta estación son ricos en agua y nos ayudan a soportar mejor las altas temperaturas.

● **Más dulces y nutritivos.** Al madurar directamente al sol, el almidón que contienen las frutas puede transformarse en fructosa. Por eso las de temporada son más dulces y nutritivas que las de invernadero, que suelen madurar en contenedores o durante el trayecto, a veces muy largo, que las lleva del país de origen al de consumo final.

La composición en cuanto a minerales de los vegetales de temporada también es mayor, debido a la riqueza de los suelos en los que se cultivan.

*sabías que...*

**Tan solo el 43% de los españoles** consume hortalizas cada día, una cifra aún más baja en el caso de las frutas: en nuestro país la incluye en sus menús diarios un escaso 37,8% de la población.

● **Calidad a buen precio.** Los alimentos de temporada suelen ser, también, más económicos. El hecho de que se den las condiciones necesarias de humedad, sol y temperatura para que frutas, verduras y hortalizas maduren de forma natural provoca que haya más cantidad de producto. Al aumentar la competencia los precios a los que se ofrecen al consumidor final bajan, pero no su calidad.

● **Ingredientes mediterráneos.** La cocina de temporada no solo se refiere a los vegetales. También pescados y carnes tienen sus épocas idóneas de consumo.

Así, en la captura del pescado se tienen en cuenta los meses en los que son más abundantes en nuestros mares y océanos: el azul, por ejemplo, está en su mejor época en primavera y verano, mientras que la temporada natural del blanco suele ser el invierno.

En cuanto a las carnes la época de caza, que se inicia habitualmente en otoño, marca la temporalidad de liebres, conejos, aves… Estas carnes son ideales para elaborar guisos y estofados, tan apetecibles con las bajas temperaturas de los últimos meses del año.

Ten en cuenta que apostar por los ingredientes de temporada te acercará a los parámetros de la Dieta Mediterránea, reconocida en numerosos estudios por sus propiedades saludables y que se basa en los alimentos típicos de la zona geográfica a la que pertenecemos.

● **Variedad en tus menús.** Seguro que has oído en alguna ocasión, o incluso tú has pronunciado, aquello de " ya no sé qué hacer para comer".

La obligación de tener que cocinar cada día y el poco tiempo del que a menudo disponemos para dedicarnos a esta labor favorece que, al final, acabemos preparando siempre los mismos platos. Tener claros cuáles son los alimentos de temporada y cómo incorporarlos a tus menús te ayudará a romper con la monotonía en la cocina. Y, además, hará que tu dieta sea más variada y completa a nivel nutricional.

## EL PRODUCTOR LOCAL, UNA BUENA OPCIÓN

Elegir productos en función de la época del año en la que las condiciones climatológicas favorecen su maduración y recolección es una buena manera, también, de dar apoyo a los productores locales, a su forma de vida y a la importante labor que llevan a cabo.

● **Consumo de proximidad.** Al apostar por el agricultor local los alimentos no deben recorrer grandes distancias desde que se recolectan hasta que llegan al consumidor, por lo que es mucho más fácil que los compres realmente en su punto óptimo de frescura y sabor. Y al reducirse los pasos y la cadena de comercialización, el precio también puede verse favorecido. De hecho, las iniciativas de compra directa al agricultor están creciendo en nuestro país gracias en buena parte a las nuevas tecnologías, que permiten a los productores contactar con los consumidores sin necesidad de intermediarios.

Esta tendencia a lo local y a respetar la temporalidad de los alimentos tiene un gran defensor en el

## Alimentos ecológicos:
### por qué te convienen

Una hoja con el borde hecho de estrellas: es el sello oficial europeo que identifica los alimentos ecológicos. Siempre que puedas apuesta por ellos debido a que…

**Respetan las estaciones.** Esto garantiza que los productos son de temporada.

**Potencian el comercio local.** De esta forma se minimiza el impacto medioambiental y se apoya a los productores de la zona.

**Su producción es más natural.** La agricultura ecológica no utiliza sustancias químicas como fertilizantes, pesticidas o aditivos. El ganado se alimenta de pastos y no se le administra ni antibióticos ni hormonas.

**sabías que...**

**Antes de llegar a tu mesa** los ingredientes pueden recorrer varios continentes debido a la internacionalización de los mercados. Esto genera grandes emisiones de $CO_2$ que podrían evitarse apostando por los productores locales.

movimiento *slow food*, que potencia la producción de proximidad y calidad teniendo en cuenta el ritmo de las estaciones. Hay restaurantes en nuestro país que siguen esta filosofía y que están identificados con el distintivo "km 0", que concede Slow Food España.

● **Cultivar en la terraza.** Es otra de las opciones con las que cuentas para degustar vegetales de temporada. Los pequeños huertos urbanos son una manera sana y natural de obtener alimentos en función de la estación del año con tus propias manos. Eso sí, antes de plantar déjate asesorar por un profesional sobre cuál es el mejor momento para hacerlo, con

qué frecuencia debes regar o si los productos de tu huerta necesitan de algún abono en particular.

Ten en cuenta que no solo las temperaturas influyen en el ciclo natural de los alimentos, también las horas de sol y la dirección de la luz son muy importantes a la hora de elegir lo que vas a plantar en tu terraza o incluso tu balcón.

● **Bueno para el medio ambiente.** Priorizar el consumo de proximidad es, además, una buena manera de respetar el planeta: ten en cuenta que, según un artículo publicado en 2008 por *The New York Times*, el viaje que a veces llevan a cabo los productos es realmente espectacular. El bacalao que se pesca en Noruega, por ejemplo, se envía a China para filetearlo y luego vuelve a Noruega para que, desde allí, sea exportado, expone su autora.

Apostar por el consumo de alimentos de proximidad podría ahorrar un gran número de emisiones de $CO_2$ perjudiciales no solo para el medio ambiente sino también para la salud de los ciudadanos. "La reducción de las emisiones de gases de efecto invernadero mediante mejoras del transporte y de las elecciones en materia de alimentos y uso de la energía pueden traducirse en mejoras de la salud", defiende la Organización Mundial de la Salud (OMS).

### CÓMO SABER DE DÓNDE PROCEDEN LOS ALIMENTOS QUE COMPRAMOS

¿Podemos los consumidores saber fácilmente el origen de lo que compramos en las tiendas, los mercados y las grandes superficies? Es una cuestión que pa-

rece preocupar enormemente a los españoles según datos de una encuesta online llevada a cabo por la Organización de Consumidores y Usuarios (OCU), en la que han participado 1.001 consumidores españoles. Los datos no dejan lugar a dudas: el 56,9% de los participantes considera que el etiquetado de los alimentos debería incluir su origen. Y el 40% de los encuestados estaría dispuesto a pagar, incluso, un 5% más por obtener esta información.

¿Pero cuál es la normativa actual en lo que respecta al etiquetado de los alimentos? Algunos de sus puntos claves son los siguientes:

- **Si son de fuera de la Unión Europea** la normativa obliga a identificar el país de origen, pero no ocurre lo mismo con los productos del continente, en los que únicamente es obligatorio especificar su procedencia cuando no hacerlo puede inducir a error.
- **Los de origen animal** (carnes, pescados, leche y derivados, huevos…) sí que deben indicar su procedencia aun siendo de la Unión Europea. Lo mismo ocurre con las frutas y las verduras frescas, el aceite de oliva, la miel y el vino.

Una vez conocida la normativa, ante cualquier duda sobre la procedencia de un producto pregunta en el establecimiento en el que lo venden. El tendero debería informarte de forma clara al respecto.

### SÁCALES EL MÁXIMO PARTIDO ENTRE FOGONES

Ya tienes los motivos para consumir alimentos de temporada, ahora te queda lo más divertido: ponerte manos a la obra y elegir los mejores ingredientes en función de cada estación para elaborar recetas sanas, variadas, equilibradas y, sobre todo, muy apetitosas.

Para ponértelo aún más fácil hemos seleccionado para ti 60 platos (primeros, segundos y postres para cada una de las estaciones del año), en los que los ingredientes estrella son, precisamente, los alimentos de temporada. Las recetas son una primera propuesta, que por supuesto puedes variar y personalizar para

## Hacer conservas
### con frutas de temporada

Aprovechar la mejor época de las diferentes frutas para elaborar conservas caseras es una buena manera de saborearlas meses después. Eso sí, hay que extremar las precauciones para evitar la presencia de microorganismos que pueden poner en riesgo la salud.

**Esteriliza los tarros.** Hiérvelos 15 minutos y deja que se sequen sin tocar el interior.

**Cierre al vacío.** Introduce los botes cerrados con la mermelada que hayas elaborado en agua hirviendo. El baño María sellará los recipientes.

**Cómo almacenarlos.** Elige un lugar oscuro, fresco y seco y consume el producto antes de un año (pon siempre la fecha de elaboración).

**sabías que...**

**A la hora de comprar** los españoles preferimos acudir al mercado o a un pequeño supermercado que a una gran superficie, según un informe de la Confederación Española de Organizaciones de Amas de Casa, Consumidores y Usuarios.

adaptarlas a tus gustos o a los del resto de comensales. Por ejemplo, en primavera puedes utilizar como base una receta de otoño sustituyendo los vegetales por productos típicos de esa estación.

Consultar el calendario de frutas y verduras del Ministerio de Agricultura, Alimentación y Medio Ambiente puede serte de utilidad para elaborar tus propias recetas de temporada. Está disponible de forma gratuita en su página web (www.alimentacion.es). Para localizarlo de forma sencilla escribe en su buscador "Frutas y verduras de temporada". Aparecerá un listado, en el que debes hacer clic en el primer enlace. Desde allí podrás consultar y también descargarte dos tablas que indican los mejores meses para el consumo de verduras y frutas en España. Te damos algunas pistas más:

- **Primavera** es la época por excelencia de las legumbres frescas y de frutas como los nísperos y las fresas.
- **En verano** cobran especial protagonismo las hortalizas y frutas como las nectarinas y la sandía.
- **El otoño** nos trae las setas, los higos, las castañas, las mandarinas y la calabaza, entre otros.
- **En invierno** es tiempo de degustar platos elaborados con espinacas y otras verduras de hoja verde.

*Más sabor*

# En primavera, apuesta por el verde

Es la estación de la renovación por excelencia, en la que la naturaleza despierta del letargo del invierno. Durante estos meses abundan los alimentos de color verde, que te aportan un gran número de nutrientes.

La primavera nos invita a salir al exterior y disfrutar de los cálidos rayos de sol después del frío invierno. Un sol que, además, nutre los vegetales de campos y huertos, que nos ofrecen numerosas variedades de frutas y verduras típicas de esta estación.

Muchos de estos alimentos de temporada tienen en común su tonalidad verde, conseguida gracias precisamente al proceso de fotosíntesis en el que la luz solar es imprescindible.

### LEGUMBRES FRESCAS EN TUS PLATOS

Durante los meses de primavera puedes elaborar recetas en las que los ingredientes estrella sean las legumbres frescas, ya que muchas de ellas se encuentran en su mejor momento durante esta estación.

● **Tirabeques, delicados y fugaces.** Esta variedad de guisantes es extremadamente tierna, tanto que incluso permite aprovechar la vaina. De entre sus propiedades destaca su riqueza en vitamina K, un nutriente que contribuye a que nuestros huesos no pierdan densidad con el paso de los años. Pero eso no es todo: los tirabeques también protegen la salud de nuestra flora intestinal y contienen un buen número de sustancias antioxidantes, que nos ayudan a luchar contra el envejecimiento prematuro.

● **Habas, fuente de fibra.** Aportan minerales muy importantes para el buen funcionamiento del organismo como el calcio, el hierro, el fósforo y el potasio. Su riqueza en fibra las hace muy adecuadas para regular el tránsito intestinal.

● **Guisantes contra la astenia.** Son ricos en vitamina B1, cuyo déficit puede provocar fatiga. Tómalos a menudo al inicio de la primavera, sobre todo si a tu organismo le cuesta acostumbrarse al cambio de tiempo y horario y tiendes a estar cansado. También aporta una cantidad nada desdeñable de proteínas, que aprovecharás mejor si combinas este ingrediente con cereales (arroz, pasta...).

*sabías que...*

**Los espárragos trigueros** son un alimento muy diurético y depurativo y, además, contribuyen a bajar la tensión arterial al ser ricos en potasio y bajos en sodio. Aportan solo 15,6 kcal por cada 100 gramos.

*La receta*

# Crema de guisantes
## con tomates

🍴 4 | ⏱ 40 min | ★ ☆ ☆ | 194 **kcal**

**Lava los tomates secos** y escáldalos unos segundos en un cazo con agua hirviendo. A continuación escúrrelos y déjalos macerar en un cuenco cubiertos con aceite de oliva. Reserva.

**Limpia el puerro,** lávalo bien y pícalo fino. Sofríelo durante 7 minutos en una cazuela con unas gotas de aceite de oliva y los dientes de ajo picados finamente.

**Incorpora los guisantes,** rehógalos 2 minutos y vierte el caldo. Salpimienta, tapa parcialmente y deja cocer unos 20 minutos.

**Tritura el puerro** y los guisantes con la batidora hasta lograr una crema homogénea y pásala por el chino o el pasapurés.

**Pon la crema al fuego** hasta que rompa a hervir. Retírala y ajusta de sal si lo consideras necesario.

**Escurre y pica los tomates** secos que tenías reservados. Decora la crema de guisantes con ellos y sirve caliente.

## INGREDIENTES

- 600 g de guisantes frescos desgranados
- 600 ml de caldo de verduras
- 1 puerro
- 2 dientes de ajo
- 100 g de tomates secos
- Aceite de oliva
- Sal
- Pimienta

*Tiempo de...*

La primavera marca la época de esplendor de los guisantes frescos. Puedes utilizarlos como ingrediente estrella en salteados o como guarnición de carnes y pescados.

*La receta*

# Habas salteadas
## con alcachofas y menta

🍴4 | ⏱ 25 min | ★☆☆ | 240 **kcal**

**Corta las puntas** y las hojas exteriores de las alcachofas. Retira la pelusilla interior con cuidado.

**Corta las alcachofas limpias** en octavos y hiérvelas en abundante agua con sal. A continuación retira la vaina de las habas y hiérvelas, pero aparte. Reserva.

**Escalda los tomates** en agua hirviendo durante 5 segundos. Después pásalos por agua fría, pélalos, retira las semillas y córtalos en daditos de 1 centímetro de grosor.

**Calienta un poco de aceite** de oliva en una sartén (mejor si es antiadherente) y dora los ajos laminados.

**Incorpora las alcachofas,** las habas, el tomate y las hojas de menta a la sartén. Salpimienta, saltea 5 minutos y sirve.

## INGREDIENTES

- 6 alcachofas
- 500 g de habas frescas
- 2 tomates maduros
- 2 dientes de ajo
- Menta fresca
- Aceite de oliva
- Sal
- Pimienta

*Tiempo de...*

Es preferible que cocines esta receta a principios de primavera, que es cuando coinciden la temporada de alcachofas y de habas.

*La receta*
# Tallarines de calabacín
## con pesto de tomate

🍽4 | ⏱30 min | ★☆☆ | 310 **kcal**

**Escurre los tomates,** reservando el aceite, y córtalos en trocitos muy pequeños. Ponlos en un cuenco junto con los dientes de ajo previamente pelados y picados.

**Añade las nueces,** también picadas, y el aceite de los tomates que has reservado, salpimienta y mezcla bien.

**Lava los calabacines,** despúntalos y córtalos a lo largo en finas tiras de 1/2 centímetro de ancho aproximadamente.

**Calienta un poco de aceite** en una sartén. Añade los calabacines, por tandas, saltéalos y salpimiéntalos. Si quieres reducir el nivel calórico de la receta en vez de saltearlos opta por escaldarlos unos segundos en agua hirviendo.

**Reparte las tiras de calabacín** en platos y distribuye sobre ellos el "pesto" de tomate. Añade el requesón desmenuzado y sirve enseguida en un plato llano.

**INGREDIENTES**

- 5 o 6 calabacines
- 250 g de tomates secos en aceite
- 2 dientes de ajo
- 100 g de requesón
- 50 g de nueces
- Aceite de oliva
- Sal
- Pimienta

*Tiempo de...*

La temporada del calabacín empieza en primavera y se extiende hasta el verano. Es una hortaliza muy ligera que también puedes preparar a la brasa o al horno.

*La receta*
# Timbal de tirabeques
## con puré de patatas

🍽 4 | ⏲ 35 min | ★ ★ ☆ | 204 **kcal**

**Pela las patatas** y el puerro y córtalos en trozos pequeños. Hierve ambos ingredientes en agua con sal durante 15 minutos. Agrega los guisantes y cuece 5 minutos.

**Cuela estos vegetales,** añade una cucharada de aceite de oliva y tritura hasta conseguir un puré denso.

**Hierve los tirabeques,** escúrrelos y sumérgelos en agua bien fría. Trocea las lechugas y mételas también en agua fría con vinagre durante aproximadamente 15 minutos.

**Pocha los ajos tiernos** picados. Tritúralos junto con las semillas de comino tostadas y un chorrito de vinagre.

**Coloca un molde cilíndrico** en cada plato, fórralo con los tirabeques y rellena hasta la mitad con el puré. Corona con las lechugas, desmolda y añade la salsa de ajos tiernos.

## INGREDIENTES

- 200 g de tirabeques
- 4 patatas pequeñas
- 1 puerro
- 100 g de guisantes
- 4 ajos tiernos
- 100 g de lechugas variadas
- Vinagre de manzana
- 1/2 cucharadita de semillas de comino tostadas
- Aceite de oliva
- Sal

*Tiempo de...*

La época de los tirabeques es breve, aprovéchala para incorporar este ingrediente a menestras de verduras, purés, sopas y guarniciones.

## *La receta*

# Ensalada de arroz,
# berros y gambas salteadas

🍴 4 | ⏲ 25 min | ★ ☆ ☆ | 296 **kcal**

**Cuece el arroz** en agua salada durante 12 o 15 minutos, hasta que esté al dente. Refréscalo entonces en agua fría y escúrrelo bien.

**Limpia y lava los berros** y el puerro. Pica este último. Lava también las gambas, sécalas, saltéalas 1 o 2 minutos en una sartén con unas gotas de aceite y salpimiéntalas.

**Retira las gambas** de la sartén y rehoga, en el mismo recipiente, el arroz cocido. Así quedará más sabroso.

**Pela y tritura el ajo** con la mostaza y un chorrito de vinagre; agrega un poco de aceite de oliva, en un hilo y sin dejar de batir. Debes lograr una salsa emulsionada.

**Mezcla el arroz con las gambas,** el puerro y los berros. Repártelos en 4 platos y añade las pipas. Aliña con la vinagreta, deja que se mezclen los sabores unos minutos y sirve.

### INGREDIENTES

- 250 g de arroz de grano largo
- 100 g de berros
- 150 g de gambas peladas
- 50 g de pipas de girasol tostadas
- 1/2 diente de ajo
- 1 cucharadita de mostaza
- 1/4 de puerro
- Vinagre de Jerez
- Aceite de oliva
- Sal
- Pimienta

*Tiempo de...*

Aunque la temporada de los berros comienza en invierno, es en primavera cuando están en su mejor momento. Aprovéchalo e incorpóralos a tus ensaladas.

*La receta*
# Cóctel de tomate
## y judías verdes

🍴 4 | ⏱ 45 min | ★ ☆ ☆ | 256 **kcal**

**Limpia las judías verdes** retirando con cuidado las hebras laterales y las puntas. Córtalas en tiras finas.

**Hierve las tiras de judía verde** en un recipiente con un poco de sal durante 20 minutos. Pasado este tiempo, sumérgelas en agua fría y hielo unos 5 minutos aproximadamente.

**Pela y pica finamente** los tomates. Limpia las cebolletas, córtalas en finas rodajas y reserva sus hojas verdes.

**Tritura la albahaca,** las hojas de las cebolletas y el ajo picado. Mezcla con un poco de aceite de oliva, 1 cucharadita de vinagre, sal y pimienta hasta obtener una vinagreta.

**Coloca el tomate picado** en el fondo de un plato o un cuenco y añade sobre él las judías verdes escurridas y las rodajas de cebolleta. Vierte la salsa por encima y sirve el cóctel.

### INGREDIENTES

- 800 g de judías verdes
- 3 cebolletas
- 1 ramillete de albahaca
- 1 ajo tierno
- 4 tomates
- Vinagre
- Aceite de oliva
- Sal
- Pimienta

*Tiempo de...*

Las judías verdes están en su mejor momento de abril a agosto. Son ligeras pero tienen un gran poder saciante debido a su contenido en fibra.

## *La receta*

# Rollitos de lenguado
## y calabacín con almendras

🍴 4 | 🕐 40 min | ★ ☆ ☆ | 292 **kcal**

**Lava y seca los filetes de lenguado.** Enróllalos y átalos con hilo de cocina. Dóralos en aceite, déjalos templar y corta el hilo.

**Lava, despunta y corta el calabacín** en láminas finas a lo largo. Envuelve cada rollito de lenguado en 1 lámina de calabacín y cuécelos al vapor 5 o 6 minutos.

**Funde 2 cucharadas de mantequilla** en una sartén y saltea, durante 1 minuto, el ajo lavado y aplastado, y las almendras picadas.

**Vierte la nata** y 1/2 vasito de brandy, salpimienta y remueve. Cuando llegue a ebullición, retira el ajo y pasa la salsa por la batidora. Luego cuece la salsa durante 1 minuto.

**Sirve los rollitos de lenguado** regados con la salsa que acabas de preparar y decorados con el cebollino lavado y picado y con la ralladura de 1/2 naranja.

## INGREDIENTES

- 4 filetes de lenguado
- 1 calabacín pequeño
- 50 g de almendras tostadas
- 1 diente de ajo
- La ralladura de 1/2 naranja
- 300 ml de nata para cocinar
- Unos tallos de cebollino
- 1/2 vasito de brandy
- Mantequilla
- Aceite de oliva
- Sal
- Pimienta

*Tiempo de...*

El mejor lenguado se pesca sobre todo en marzo y abril. Destaca su riqueza en yodo, un mineral imprescindible para el buen funcionamiento de la glándula tiroides.

*La receta*

# Filetes de caballa
## en salsa de pimientos

🍴 4 | ⏲ 30 min | ★ ☆ ☆ | 303 **kcal**

**Lava las patatas y cuécelas** en agua salada durante aproximadamente 40 minutos, hasta que estén tiernas. Escúrrelas, déjalas enfriar, pélalas y córtalas en rodajas.

**Lava y escurre los pimientos** del piquillo para eliminar los restos del líquido que los mantenía en conserva.

**Pon los pimientos** en el vaso de la batidora y tritúralos con 2 cucharadas de aceite, sal y pimienta, hasta obtener una crema.

**Lava el cebollino** y, a continuación, haz lo mismo con los filetes de caballa. Seca el pescado con papel de cocina y salpimiéntalo.

**Calienta una cucharada de aceite** en una sartén y espolvorea un poco de sal fina para que el pescado no se pegue. Añade la caballa y fríela 2 minutos por cada lado, empezando por la parte de la piel.

**Reparte los filetes** en 4 platos, con la salsa de pimientos y las patatas en la base, y sirve caliente, decorado con el cebollino.

### INGREDIENTES

- 600 g de filetes de caballa
- 300 g de pimientos del piquillo en conserva
- 200 g de patatas
- Unos tallos de cebollino
- Aceite de oliva
- Sal
- Pimienta

*Tiempo de...*

La caballa, conocida también como verdel, pertenece a la misma familia que el bonito y el atún, pero su tamaño es mucho menor.

*La receta*

# Zarzuela de rape,
## langostinos y mejillones

❚❘4 | ⏱ 40 min | ★★☆ | 359 **kcal**

**Pela y pica los ajos.** Lava y trocea el puerro y el perejil. Lava y corta los tomates a rodajas.

**Pela los langostinos** con cuidado, dejándoles la cabeza. A continuación limpia y lava bien el rape.

**Sofríe los ajos picados** y, cuando tomen color, agrega el puerro y cuece hasta que se ablande. Después añade una pizca de harina y el brandy y deja hervir 2 minutos.

**Añade los tomates** y el perejil. Mantén a fuego medio durante aproximadamente 10 minutos, cubre con el caldo de marisco, deja reducir y añade sal al gusto.

**Enharina el rape** y los langostinos previamente sazonados. Dóralos en una sartén, agrégalos al sofrito anterior junto con los mejillones limpios y cuece hasta que estos se abran.

## INGREDIENTES

- 300 g de rape
- 400 g de langostinos
- 600 g de mejillones
- 1 puerro
- 4 tomates
- 4 dientes de ajo
- 2 vasos de fumet (caldo de marisco)
- 1 vaso de brandy
- Harina
- Perejil
- Aceite de oliva
- Sal

*Tiempo de...*

La mejor temporada del rape es breve: va de abril a mayo. Aprovecha estos meses para incorporar este pescado de textura firme y melosa a tus recetas.

*La receta*

# Pavo a las finas hierbas
## con zanahoria

🍴 4 | 🕐 45 min | ★★☆ | 435 **kcal**

**Enharina el pavo troceado** y sofríelo en una sartén con aceite. Cuando empiece a dorarse retira del fuego.

**Limpia y pica muy finos** el puerro y las cebollas. Rehógalos en la misma sartén en la que has sofrito el pavo.

**Vuelve a incorporar** la carne a la sartén con las zanahorias troceadas, las hierbas aromáticas, unas bolitas de pimienta y el vino.

**Deja que se evapore el vino** blanco y, entonces, cubre la carne con agua. Cuece a fuego lento 20 minutos.

**Añade las patatas** peladas y troceadas y deja cocer otros 20 minutos hasta que queden tiernas. Corrige el punto de sal si es necesario y sirve caliente en un plato llano.

### INGREDIENTES

- 1 pavo de 2 kg deshuesado y troceado
- 2 cebollas
- 1 puerro
- 3 zanahorias
- 8 patatas
- 1 vasito de vino blanco
- Harina
- 1 hoja de laurel
- 1 rama de romero
- 1 rama de tomillo
- Aceite de oliva
- Sal
- Pimienta negra en grano

*Tiempo de...*

Aunque puedes encontrarlas durante todo el año en los mercados, de abril a junio las zanahorias están en su temporada óptima.

*La receta*

# Solomillo con crema
## de guisantes al vapor

🍴 4 | ⏱ 30 min | ★ ☆ ☆ | 282 **kcal**

**Pela, trocea y lava** las patatas. Pica el perejil y, luego, prepara la vaporera con agua bien caliente en la base.

**Coloca entonces sobre la rejilla** las patatas peladas y troceadas, los guisantes y el perejil picado.

**Cuando la patata** esté tierna, pásalo todo por un pasapurés. Añade sal y pimienta y agrega el queso, la mantequilla y la leche. Bate bien hasta obtener una salsa cremosa.

**Salpimienta el solomillo** y prepáralo a la plancha, dorándolo ligeramente por ambos lados a fuego fuerte.

**Sirve los medallones** acompañados de la salsa verde y, si lo deseas, espolvorea sésamo negro para darle un contraste de color y añade unos canónigos como guarnición.

## INGREDIENTES

- 4 medallones de solomillo
- 1 manojo de perejil
- 3 patatas
- 120 g de guisantes
- 30 g de queso cremoso
- 1 vaso de leche desnatada
- 20 g de mantequilla
- Aceite de oliva
- Sal
- Pimienta

*Tiempo de...*

El sabor de los guisantes puede decirte mucho de su frescura. Al secarse sus azúcares se transforman en almidón, por eso cuanto más dulces están, más frescos son.

*La receta*
# Tarta de limón
# y zanahoria

👥 8 | ⏲ 40 min | ★ ★ ☆ | 455 **kcal**

**Lava los limones** y ralla la cáscara de uno. Exprímelo y pela el otro, cortando solo la parte amarilla.

**Raspa las zanahorias,** lávalas y rállalas bien. Rehógalas 15 minutos en una sartén con la mantequilla fundida. Agrega 100 gramos de azúcar y prosigue la cocción 5 minutos. Apaga el fuego, añade la almendra y la ralladura de limón y remueve bien.

**Precalienta el horno a 80 ºC.** Mientras tanto estira la masa brisa con un rodillo y forra con ella un molde. Pincha el fondo con un tenedor y cuécela durante 15 minutos.

**Bate los huevos con la leche** evaporada y una pizca de sal. Mézclalos con la zanahoria y rellena la masa con esta preparación. Hornea 30 minutos a 200 ºC.

**Corta la piel de limón** en tiras finas y rehógalas en una sartén con aceite y el azúcar restante. Cocina 5 minutos, sin dejar de remover. Añade la mitad del zumo de limón y reduce 2 minutos. Decora la tarta con las tiras de limón y su jugo, deja enfriar y sirve.

## INGREDIENTES

- 1 lámina de masa brisa
- 400 g de zanahorias
- 150 g de azúcar
- 200 g de almendra molida
- 2 huevos
- 200 ml de leche evaporada
- 50 g de mantequilla ligera
- 2 limones
- Aceite de oliva suave
- 1 pizca de sal

*Tiempo de...*

El sabor dulzón de la zanahoria la convierte en un ingrediente ideal para utilizar en la elaboración de bizcochos, galletas y postres caseros.

*La receta*
# Barquitas de nísperos
## con requesón

🍴4 | 🕐15 min | ★☆☆ | 111 **kcal**

**Pela los nísperos** con cuidado, córtalos por la mitad y elimina el hueso. Colócalos sobre una fuente de servir o en platos de postre.

**Tuesta la almendra** en una sartén antiadherente sin condimento para que coja un poco de color.

**Prepara una crema** con el requesón: introdúcelo en un cuenco que sea amplio, añade la cucharada de uvas pasas y mézclalo bien con una cuchara de madera.

**Rellena los nísperos** con la crema de requesón y uvas pasas y espolvorea la almendra laminada por encima.

**Rocía el postre** con un poco de miel. Para que gane en presencia, puedes disponer los platos de postre en platos de servicio un poco más amplios. Llévalo a la mesa presentado de esta manera.

### INGREDIENTES

- 8 nísperos
- 150 g de requesón
- 2 cucharadas de miel
- 1 cucharada de uvas pasas
- 1 cucharada de almendra laminada

*Tiempo de...*

Los nísperos están en excelentes condiciones de abril a junio. Elígelos maduros pero sin zonas blandas que cedan al presionarlas con los dedos.

*La receta*
# Charlota de fresas
## con crema

⫙8 | ⏱ 30 min | ★ ★ ☆ | 262 **kcal**

**Lleva la leche a ebullición** con la canela y la corteza de limón lavada. Mientras tanto, pon la gelatina en remojo con agua fría y parte los bizcochos de soletilla por la mitad.

**Bate las yemas, el azúcar** y la maicena, e incorpora a continuación la leche (que habrás colado previamente).

**Vierte todo en un cazo** y cuece a fuego suave, sin dejar de mezclar, hasta que espese. Cuando lo haga retíralo, añade la gelatina bien escurrida y remueve hasta que se disuelva.

**Forra 4 aros de repostería** con film transparente y recubre el interior con los bizcochos. Rellena el hueco central con la crema y déjalos en la nevera durante 3 o 4 horas.

**Lava, limpia y trocea** los fresones. Reparte las charlotas en platos, dispón los fresones por encima y retira los aros con cuidado, Espolvorea con azúcar glas y sirve bien frío.

## INGREDIENTES

- 16 bizcochos de soletilla
- 200 g de fresones
- 1 cucharada de azúcar glas

Para la crema:
- 8 yemas de huevo
- 1 l de leche
- 50 g de maicena
- 150 g de azúcar
- 2 hojas de gelatina
- 1 trozo de cáscara de limón
- 1 ramita de canela

*Tiempo de...*

Si preparas esta receta con fresas, que también están de temporada, ten en cuenta que no suelen ser tan dulces como los fresones. Añade un poco más de azúcar glas.

## *La receta*
# Pastelitos
# de albaricoque

**4** | ⏱ 35 min | ★ ☆ ☆ | 240 **kcal**

**Lava los albaricoques** y, a continuación, ábrelos por la mitad, elimina los huesos y trocea la pulpa.

**Cuece 5 minutos** 1 vaso de agua con el vino, el azúcar, la cáscara de limón y la canela. Agrega los albaricoques y prosigue la cocción unos 15 minutos a fuego lento. Retira del fuego y deja enfriar.

**Parte el bizcocho en rebanadas** de 2 centímetros de grosor y recorta 4 discos con un cortapastas o un molde cilíndrico. Con el mismo utensilio corta también 4 discos de requesón.

**Limpia bien el molde** y colócalo sobre un disco de bizcocho. Pon encima uno de requesón y prensa ligeramente con una cucharilla.

**Cubre con la compota** de albaricoque que has preparado. Reserva los pastelitos en la nevera hasta el momento de servir.

### INGREDIENTES

- 150 g de bizcocho
- 250 g de requesón
- 200 g de albaricoques
- 1 trozo de cáscara de limón
- 1 copita de vino dulce
- 1 ramita de canela
- 35 g de azúcar

*Tiempo de...*

Los albaricoques son ricos en betacarotenos, que ayudan a la piel a protegerse de los efectos dañinos del sol. Su temporada comienza en mayo.

*La receta*
# Tartaleta
## con cerezas

🍴4 | ⏱ 30 min | ★ ★ ☆ | 460 **kcal**

**Corta los 4 discos de masa brisa,** forra con ellos 4 moldes de tartaleta y cuécelos 15 minutos en el horno precalentado a 180 ºC. Déjalos enfriar y desmóldalos.

**Lava las cerezas.** Reserva 4 para decorar y deshuesa el resto. Mézclalas con la mitad del azúcar y cuécelas aproximadamente 5 minutos. Tritura y deja enfriar.

**Lleva a ebullición** la leche con el resto del azúcar, la canela, la piel de limón lavada y la vaina de vainilla abierta a lo largo. Retira, tapa y deja reposar 5 minutos.

**Bate las yemas** con la harina y la maicena, añade la leche colada y cuece al baño María 10 minutos, sin dejar de remover.

**Deja enfriar la crema,** repártela en las tartaletas y riégalas con la salsa. Decora con las cerezas y sirve.

### INGREDIENTES

- 200 g de masa brisa
- 300 g de cerezas
- 500 ml de leche desnatada
- 3 yemas de huevo
- 40 g de azúcar
- 1 cucharada de harina
- 1 cucharada de maicena
- 1 ramita de canela
- 1 trozo de piel de limón
- 1 vaina de vainilla

*Tiempo de...*

La mejor época de cerezas comienza en mayo y se extiende hasta julio. Es una fruta rica en triptófano, que te ayudará a conciliar mejor el sueño.

*Refréscate*

# **Verano ligero** y con mucho color

Las altas temperaturas y disponer de más tiempo libre empujan a aprovechar los ratos de ocio para pasarlos en playas, piscinas o terrazas. Te ofrecemos propuestas sencillas para comer equilibrado sin pasar horas en la cocina.

Los meses estivales son, seguramente, los más animados del año para muchos. Un júbilo que parece trasladarse a sus alimentos, en los que predominan colores tan vivos como el rojo o el amarillo.

Otra de las características comunes de la mayoría de frutas y verduras de verano es su riqueza en agua, que contribuye a que nos mantengamos bien hidratados durante la estación en la que más líquidos perdemos debido al sudor y a las altas temperaturas.

### ALEGRÍA EN TUS MENÚS

Llena de color tus recetas de verano con ingredientes de temporada sanos, ligeros y muy apetitosos como los que te mostramos a continuación.

● **Pimiento rojo, versátil y nutritivo.** A la plancha, al horno, relleno, salteado, en ensaladas frías... los pimientos dan mucho juego en la cocina. Aprovéchalo porque sus virtudes nutricionales son muchas. Una de las más destacadas es su riqueza en betacarotenos,

buenos para reforzar la salud de la piel en una época en la que se somete a un gran número de agresiones (los rayos solares, el cloro, la arena...). También aportan ácido fólico, imprescindible en la renovación de las células; y vitamina E, un potente antioxidante.

● **Berenjena, mejor con piel.** Su característico tono morado hará más vistosos tus platos. Pero además es en su piel donde se concentra su mayor cantidad de fibra, que ayuda a rebajar los niveles de glucosa en sangre. Lávala muy bien antes de utilizarla.

● **Melón, muy hidratante.** Inclúyelo en tus menús y te asegurarás una buena dosis de agua. De hecho, más del 90% de su peso se lo debe a este elemento, al igual que ocurre con la sandía, otra fruta estival.

● **Nectarina, dulce y ligera.** Pese a su riqueza en fructosa, tan solo aporta 50 kcal por cada 100 gramos. Tómala sola o acompañada de otras frutas de verano en una colorida, sabrosa y ligera macedonia y obtendrás betacarotenos y vitamina C.

*sabías que...*

**Los tomates de temporada,** que maduran al sol, suelen contener muchas más vitaminas que los de invernadero. ¿El motivo? Estos últimos suelen recogerse cuando aún están verdes.

*La receta*

# Crema de pimientos
## con brocheta de langostinos

🍴4 | 🕐 1 h 15 min | ★ ★ ☆ | 265 **kcal**

**Cuece el vinagre,** a fuego muy lento, hasta que se haya reducido a una tercera parte de su volumen y empiece a espesar. Reserva.

**Pela los langostinos** y ensártalos en brochetas. Mezcla la mostaza, el diente de ajo pelado y picado y el aceite. Introduce los langostinos en esta marinada y déjalos macerar 30 minutos.

**Precalienta el horno** a 200 ºC. Rocía los pimientos y los tomates con un hilo de aceite y ásalos a 180 ºC durante 50 minutos. Retíralos del horno, tapa la fuente con un paño y déjalos templar.

**Pela, limpia y trocea** los pimientos y los tomates. Pásalos por la batidora con su jugo, sal y pimienta. Pasa la crema por el pasapurés y rectifica con agua fría si queda espesa. Reserva en la nevera.

**Tritura ligeramente los kikos** y escurre los langostinos de la marinada. Sumerge los langostinos en clara batida, rebózalos en los kikos y disponlos en una fuente forrada con papel sulfurizado. Hornea las brochetas a 180 ºC durante 15 minutos. Presenta como en la imagen de la derecha y sirve en seguida.

## INGREDIENTES

Para la crema:
- 4 pimientos rojos
- 2 tomates
- Aceite de oliva
- Sal
- Pimienta
- 50 ml de vinagre balsámico

Para las brochetas:
- 4 langostinos
- 1 taza de kikos
- 1 clara de huevo
- 1 diente de ajo
- 1 cucharadita de mostaza
- Aceite de oliva

*Tiempo de...*

El verano marca el inicio de la temporada de pimientos, uno de los alimentos más ricos en vitamina C. Su contenido supera, incluso, al de los cítricos.

## *La receta*
# Ensalada de lentejas
## con pepino

🍴 4 | ⏱ 20 min | ★ ☆ ☆ | 165 **kcal**

**Lava los tomates** y córtalos en gajos. Lava y seca el pimiento, retira las semillas y las nervaduras blancas y pártelo en daditos. A continuación lava y escurre la rúcula.

**Enjuaga las lentejas** para eliminar el líquido de conservación, escúrrelas y mézclalas con el pimiento, el tomate y las alcaparras.

**Mezcla 3 cucharadas de aceite** de oliva, una de vinagre de Jerez y una pizca de sal en un cuenco. Remueve bien hasta conseguir una vinagreta ligeramente ligada.

**Lava y seca los pepinos,** despúntalos y, con una mandolina, corta dos láminas finas longitudinales de la parte central de cada uno. Pela y pica el resto del pepino y mézclalo en un cuenco con las lentejas, el tomate, el pimiento, las alcaparras y las hojas de rúcula. Aliña con la vinagreta y remueve.

**Dispón 4 aros de repostería** en otros tantos platos llanos y forra el interior con las láminas de pepino. Rellena el hueco central con la ensalada de lentejas. Retira los aros y sirve en seguida.

### INGREDIENTES

- 250 g de lentejas cocidas
- 2 pepinos
- 12 tomates cherry
- 1 pimiento amarillo
- 80 g de alcaparras
- Unas hojas de rúcula
- Aceite de oliva
- Sal
- Vinagre de Jerez

---

### *Tiempo de...*

A la hora de comprar pepinos, ten en cuenta que los grandes suelen ser más amargos. Están en su mejor momento de junio a septiembre.

*La receta*

# Ensalada de pasta
## y frutos rojos

¶4 | ⏱25 min | ★☆☆ | 236 **kcal**

**Cuece la pasta** en abundante agua salada hasta que esté al dente. Para la cocción pasándola bajo un chorro de agua fría, añade unas gotas de aceite, mezcla y deja enfriar en un escurridor.

**Calienta 4 cucharadas de aceite** de oliva en un cazo a fuego lento, abre la vainilla en dos a lo largo, rasca sus pepitas y añádelas al aceite junto con la vaina. Retira del fuego y deja reposar hasta que el aceite esté completamente frío.

**Lava y escurre los brotes** de ensalada. Lava las frambuesas y las grosellas cuidadosamente bajo el chorro de agua fría y déjalas escurrir sobre papel de cocina. Desgrana las grosellas y reserva.

**Prepara la vinagreta** emulsionando el aceite aromatizado con la vainilla, una pizca de sal y 2 cucharadas de vinagre de frambuesas.

**Dispón la pasta en un cuenco,** rocíala con la vinagreta, añade los brotes y mezcla con una cuchara de madera. Finalmente, espolvorea por encima con los frutos rojos y sirve.

## INGREDIENTES

- 150 g de fusilli de verduras
- 50 g de frambuesas
- 50 g de grosellas rojas
- 50 g de mézclum de brotes de ensalada
- 1 vaina de vainilla
- Aceite de oliva
- Vinagre de frambuesas
- Sal

*Tiempo de...*

Las frambuesas alegran con su color los platos de verano. Durarán más si las guardas en la nevera sin lavar, en una sola capa dentro de un envase llano con cierre hermético.

*La receta*

# Tártar de vegetales
## con daditos de pollo

🍴 4 | ⏱ 1 h | ★ ★ ☆ | 288 **kcal**

**Lava y trocea el calabacín** sin pelar en pequeños dados. Corta las pechugas de pollo en dados de aproximadamente 2 centímetros.

**Saltea el calabacín** en una sartén con algo de aceite de oliva. Cuando empiece a ablandarse añade los dados de pechuga de pollo y deja un par de minutos más. Reserva.

**Lava 2 tomates** y pícalos finitos. Abre los aguacates, retira el hueso, extrae su carne y córtalos también a dados.

**Mezcla los aguacates** y los tomates con el pollo y el calabacín. Rellena 4 envases para hacer flanes con esta mezcla y vuelca cada uno de ellos en un plato llano.

**Ralla los tomates restantes,** aliñalos con aceite, pimienta y sal y riega el tártar con la vinagreta obtenida. Decora con perejil picado y corona con una hoja entera en el centro del tártar.

### INGREDIENTES

- 300 g de pechuga de pollo
- 2 aguacates
- 4 tomates
- 1 calabacín
- 1 ramita de perejil
- Aceite de oliva
- Sal
- Pimienta

*Tiempo de...*

Si quieres enriquecer el tártar con más verduras propias del verano, añade berenjena y pimiento rojo que, además, aportarán un contraste de color.

*La receta*

# Tomates rellenos
## con brandada

🍴 4 | ⏱ 40 min | ★ ☆ ☆ | 125 **kcal**

**Dispón las migas de bacalao** en una cazuela con agua. Lleva a ebullición y retira del fuego. Deja que el bacalao se entibie dentro del agua y, cuando lo haya hecho, escúrrelo.

**Pela la patata, trocéala y cuécela** en agua hirviendo con sal durante aproximadamente 15 minutos.

**Escurre y aplasta la patata** cocida y mézclala con el bacalao desmigado y el diente de ajo picado.

**Coloca en un cazo la mezcla** anterior de bacalao y patata y cuece al baño María o a fuego muy lento, añadiendo la leche en varias tandas hasta que espese. Deja enfriar.

**Corta la parte superior de los tomatitos** y vacíalos con una cucharilla de postre. Rellénalos con la brandada de bacalao y unos trocitos de aceitunas negras. Corona cada tomate con una aceituna negra entera y sirve en seguida.

### INGREDIENTES

- 8 tomatitos
- 150 g de migas de bacalao desalado
- 100 ml de leche desnatada
- Aceitunas negras
- 1 patata
- 1 diente de ajo
- Sal

*Tiempo de...*

Los tomates son un tesoro para la salud. Diversos estudios han comprobado sus propiedades cardiosaludables y contra varios tipos de cáncer.

*La receta*

# Timbal de berenjena
## con mozzarella

🍴 4 | ⏱ 45 min | ★★☆ | 211 **kcal**

**Corta las berenjenas** en rodajas de aproximadamente 1 centímetro de grosor. Sálalas y colócalas en un escurridor. Corta los tomates en rodajas finas, salpimiéntalas, añade un chorrito de aceite y espolvorea con hojas de albahaca picadas.

**Pela las cebollas** y córtalas en gajos. Pica los ajos y rehógalos lentamente 5 minutos en una sartén antiadherente con un poco de aceite. Pasado ese tiempo, agrega la canela, una pizca de clavo, salpimienta, tapa y continúa la cocción 3 minutos más.

**Engrasa 4 cilindros** con un poco de mantequilla y ponlos en una bandeja de horno con papel sulfurizado.

**Marca las rodajas** de berenjena en la plancha caliente, coloca una capa de las mismas en la base de los cilindros, cubre con cebolla, mozzarella y una rodaja de tomate. Repite la misma operación y cubre con un poco de mantequilla.

**Tapa los cilindros** con papel de horno y cuece 20 minutos a 180-200 °C. Decora con hojas de albahaca enteras.

## INGREDIENTES

- 2 berenjenas medianas
- 4 tomates rojos pequeños
- 100 g de mozzarella
- 2 dientes de ajo
- 2 cebollas
- 1 cucharadita de canela
- 30 g de mantequilla
- Clavo de olor molido
- Albahaca
- Aceite de oliva
- Sal
- Pimienta

*Tiempo de...*

Las berenjenas absorben gran cantidad de grasa, por eso no debes añadir demasiado aceite sobre la plancha a la hora de cocinarlas.

*La receta*

# Sepia dorada
# en lecho de pepino

🍴 4 | ⏱ 30 min | ★ ☆ ☆ | 289 **kcal**

**Limpia las sepias** y córtalas en tiras. Sécalas bien con papel de cocina y dóralas en una sartén con aceite caliente.

**Pela los pepinos** y córtalos en rodajas finas, deshoja los cogollitos de lechuga y pícalos finamente.

**Retira la primera capa** del hinojo y pártelo. Aliña con sal, pimienta molida y zumo de limón.

**Mezcla en un bol** 4 cucharadas de aceite de oliva, vinagre y una pizca de sal. Bate y reserva.

**Dispón en 4 platos** los cogollitos a capas, las rodajas de pepino, las tiras de sepia y el hinojo.

**Acompaña con** unas hojas de escarola y cebolla laminada como guarnición si lo deseas, para enriquecer el plato.

## INGREDIENTES

- 2 sepias
- 2 pepinos
- 2 cogollitos
- Hinojo
- Aceite de oliva
- Vinagre
- Sal
- Limón
- Pimienta

*Tiempo de...*

Aunque el pepino suele emplearse para elaborar platos fríos, casa muy bien con recetas templadas como esta. Atrévete a utilizarlo no solo en ensaladas.

*La receta*
# Rodaballo al horno
## con verduras

🍴 4 | ⏱ 40 min | ★ ☆ ☆ | 290 **kcal**

**Lava, limpia y corta** en tiras finas los pimientos y el puerro. Pela entonces el diente de ajo y pártelo en láminas.

**Calienta un poco de aceite** en una sartén, añade el ajo y dóralo. Agrega entonces los pimientos y el puerro, sofríe unos 5 minutos y salpimienta. Cuando los pimientos estén tiernos riega con el vino, cuece a fuego vivo hasta que se reduzca un poco y reserva.

**Lava y seca el pescado** y córtalo en 4 trozos. Salpimienta y disponlo sobre una bandeja para horno engrasada con aceite. Ásalo a 190 °C durante 12-14 minutos.

**Lava y seca la naranja,** la lima y el limón. Ralla la cáscara de los tres y retira la parte blanca de la piel de la naranja; separa sus gajos y pélalos a lo vivo.

**Distribuye las verduras salteadas** en cuatro platos y coloca encima las porciones de rodaballo. Reparte los gajos de naranja y sirve el pescado espolvoreado con la ralladura de los cítricos y decorado con unas hojitas de tomillo lavadas.

## INGREDIENTES

- 750 g de rodaballo limpio
- 1 pimiento rojo
- 2 pimientos verdes italianos
- 1 pimiento amarillo
- 1 diente de ajo
- 1 puerro
- 1/2 vasito de vino blanco
- 1 naranja
- 1 lima
- 1 limón
- Aceite de oliva
- Sal
- Pimienta
- Unas hojitas de tomillo

## *Tiempo de...*

El rodaballo es un pescado ligero (aporta tan solo 82 kcal por cada 100 gramos) que se digiere muy fácilmente, algo muy recomendable frente al calor del verano.

*La receta*

# Pimiento relleno
## de arroz y marisco

⅃4 | ⏱ 1h | ★★☆ | 277 **kcal**

**Pica la cebolla y el ajo** y sofríelos en una sartén con aceite. Añade el arroz y mezcla bien. Deja reposar medio minuto.

**Vierte 1 vaso de vino** blanco. Salpimienta y remueve. Incorpora entonces 2 vasos de caldo de pescado y cuece 15 minutos. Pasado ese tiempo deja que el arroz repose.

**Lava la mitad de las gambas** y cuécelas (si lo prefieres, puedes utilizar el marisco ya cocido). Pélalas y córtalas.

**Incorpora las gambas** que has troceado al arroz que acabas de cocinar junto con el bacalao desmigado y mezcla.

**Lava los pimientos rojos,** córtales la "tapa" superior y retira sus semillas. Rellena a continuación los pimientos con el arroz, coloca encima las gambas que habías reservado (peladas y sin cabeza) y hornea 15 minutos a 180 °C.

## INGREDIENTES

- 4 pimientos rojos
- 200 g de arroz
- 1 cebolla
- 150 g de bacalao desalado
- 100 g de gambas
- Vino blanco
- Caldo de pescado
- 1 diente de ajo
- Aceite de oliva
- Sal
- Pimienta

*Tiempo de...*

Elige pimientos rojos con vetas verdes y el sabor del plato ganará en intensidad. Si prefieres un resultado más suave, cocina la receta con pimientos maduros.

*La receta*
# Tiras de lomo
## con judías verdes

🍴 4 | 🕐 20 min | ★ ☆ ☆ | 204 **kcal**

**Lava y pica 2 ramitas de cilantro,** 2 de perejil y 2 tallos de cebollino. Bate los 2 yogures naturales en un bol amplio.

**Incorpora las hierbas** que acabas de picar, el ajo pelado y también picado, el zumo de medio limón, una pizca de pimentón picante, 1 cucharadita de azúcar moreno y un pellizco de sal. Reserva esta salsa en la nevera.

**Despunta las judías verdes,** retira las hebras y lávalas. Córtalas por la mitad a lo largo y luego en 2 o 3 trozos. A continuación cuécelas al vapor durante 4 minutos.

**Parte el lomo en tiras** y saltéalo 3 o 4 minutos en una sartén con unas gotas de aceite de oliva. Debe quedar bien hecho por dentro y doradito por fuera. Sazona.

**Reparte la carne en 4 platos** y espolvoréala con un poco de pimentón dulce. Dispón a un lado del plato las judías verdes como guarnición y sirve la salsa en un recipiente aparte.

## INGREDIENTES

- 600 g de lomo de cerdo
- 250 g de judías verdes
- Pimentón dulce
- Aceite de oliva
- Sal

Para la salsa:
- 2 yogures naturales
- Sal
- Pimentón picante
- Azúcar moreno
- 1/2 diente de ajo
- Cebollino
- Cilantro
- Perejil
- 1/2 limón

*Tiempo de...*

En lugar de acompañar el plato con judías verdes puedes hacerlo con láminas de berenjena o de calabacín a la plancha, también de temporada.

*La receta*

# Bonito en salsa
## de tomate y gambas

🍴 4 | ⏱ 35 min | ★ ☆ ☆ | 230 **kcal**

**Lava y seca las gambas** y el bonito. Dora este último por ambos lados en una cazuela con 1 cucharada de aceite de oliva caliente. Retíralo y salpimienta.

**Añade 1 cucharada más de aceite** e incorpora las gambas. Saltéalas unos instantes, retíralas y pélalas. Pon las cabezas y las cáscaras en un colador y aplástalas.

**Pela y pica la cebolla** y los ajos. Sofríe la primera 8 minutos en el mismo aceite que has utilizado para cocinar las gambas.

**Incorpora los ajos y rehoga** 2 minutos más. Lava los tomates, pícalos y añádelos, con la pulpa del pimiento choricero y el perejil lavado y picado. Salpimienta y cuece 10 minutos.

**Agrega el bonito, las gambas** y el jugo que has obtenido de las cabezas. Deja cocer durante 4 minutos y sirve bien caliente.

## INGREDIENTES

- 600 g de filetes de bonito
- 200 g de gambas pequeñas
- 3 tomates
- 1 cebolla
- 2 dientes de ajo
- 1 ramita de perejil
- 1 cucharadita de pulpa de pimiento choricero
- Aceite de oliva
- Pimienta
- Sal

*Tiempo de...*

Junio marca el inicio de la mejor temporada del bonito, que se extiende hasta octubre. Este pescado aporta vitamina D, imprescindible para asimilar mejor el calcio.

*La receta*

# Tortillitas de jurel,
## cebolla roja y huevo

🍴4 | ⏱30 min | ★☆☆ | 276 **kcal**

**Pela la cebolla roja** y la cebolleta y córtalas en juliana. Saltéalas en un fondo de aceite durante 7 minutos, salpimienta y retíralas.

**Lava los filetes de jurel,** quítales las espinas con cuidado y desmenúzalos. Salpimienta y añádelos en un bol a las cebollas salteadas.

**Bate los huevos** con una pizca de sal y otra de pimienta, incorpóralos al bol y mézclalo todo bien.

**Calienta un fondo de aceite** y vierte 1 cucharón de la preparación anterior. Deja cuajar 1 o 2 minutos, dale la vuelta y deja cocer 2 minutos más. Repite la operación hasta terminar la mezcla.

**Lava los tomatitos** y pártelos por la mitad. A continuación lava las hojas de lechuga, deja que escurran y trocéalas.

**Sirve las tortillas** con la ensalada de tomate y lechuga, aliñada con el zumo de limón, sal y un poco de aceite.

### INGREDIENTES

- 700 g de jurel en filetes sin piel
- 1 cebolla roja
- 1 cebolleta
- 2 huevos
- 70 g de mezcla de lechugas
- 100 g de tomatitos
- 1 limón
- Aceite de oliva
- Sal
- Pimienta

*Tiempo de...*

El jurel o chicharro es un pescado azul rico en vitaminas del grupo B. Aunque si tienes el ácido úrico alto no debes abusar de él porque podría elevar aún más tus niveles.

*La receta*

# Pudin de nectarina
## al aroma de limón

🍴 4 | 🕐 20 min | ★ ☆ ☆ | 190 **kcal**

**Calienta en un cazo la leche** desnatada con el azúcar, la ramita de canela y la cáscara de limón lavada, hasta que hierva. Retírala, deja que se temple y cuélala.

**Corta las magdalenas** en rodajas de aproximadamente 1 centímetro. A continuación pela y trocea las nectarinas.

**Dispón 2 cucharadas de azúcar** en un cazo, añade 2 cucharadas de agua y cuece hasta obtener un caramelo dorado.

**Vierte el caramelo** en la base de un molde alargado y muévelo para que cubra tanto el fondo como las paredes.

**Coloca una capa de magdalenas** y otra de nectarinas. Repite las capas hasta agotarlas, terminando con una de magdalenas.

**Bate los huevos con la leche.** Viértelos en el molde y cuaja el pudin al baño María, en el horno precalentado a 180 ºC, durante 40 minutos. Déjalo templar antes de desmoldarlo y sirve frío.

## INGREDIENTES

- 3 nectarinas
- 3 huevos
- 1/2 l de leche desnatada
- 50 g de azúcar
- 4 magdalenas
- 1 trozo de cáscara de limón
- 1 ramita de canela

Para el caramelo:
- 2 cucharadas de azúcar

*Tiempo de...*

Las nectarinas son una variante genética del melocotón de sabor y aroma más intensos. Su riqueza en betacarotenos contribuye a proteger la piel del sol.

*La receta*

# Bolitas de melón
## con helado de nata

🍴 4 | ⏲ 15 min | ★ ☆ ☆ | 185 **kcal**

**Exprime el limón y filtra el zumo.** A continuación pela el melón piel de sapo y retira bien las semillas.

**Pasa la pulpa del melón** que acabas de pelar por la batidora, con el azúcar y el zumo de limón, hasta obtener una mezcla homogénea.

**Dispón la mezcla anterior** en un cuenco, tápala con film transparente y resérvala en el frigorífico.

**Retira las semillas del melón** cantalupo y, con la ayuda de un vaciador o de una cuchara, corta la pulpa en bolitas.

**Reparte la sopa de melón bien fría** en 4 cuencos o copas de helado y distribuye las bolitas de melón cantalupo.

**Incorpora una bola de helado** de nata en el centro. Decora con unas hojas de menta lavadas y secas y sirve en seguida.

## INGREDIENTES

- 1/2 melón piel de sapo
- 1 melón cantalupo
- 1 limón
- 25 g de azúcar
- 4 bolas de helado de nata
- 1 ramita de menta

*Tiempo de...*

A la hora de elegir un melón, selecciona uno de entre los más pesados en función de su tamaño. El extremo debe ceder ligeramente al presionarlo con los dedos.

*La receta*

# Palitos de plátano
## y frambuesas

🍴 4 | ⏱ 30 min | ★ ☆ ☆ | 186 **kcal**

**Lleva 1/2 litro de agua** a ebullición con el azúcar, baja el fuego y cuece durante 3 minutos. Retira y deja que se enfríe.

**Lava y seca el limón,** pártelo por la mitad y exprímelo. Pela los plátanos y tritura la pulpa con el almíbar que has preparado y el zumo de limón hasta obtener una crema lisa y homogénea.

**Vierte la crema** en un recipiente plano y déjala en el congelador aproximadamente 30 minutos. Pasado este tiempo retírala y remuévela con un tenedor para romper los cristales de hielo.

**Incorpora la mitad de la crema** a unos vasos pequeños, añade las frambuesas lavadas y cúbrelas con el resto de la crema.

**Pincha un palito en el centro** y congela durante 4 horas. Desmolda este postre helado antes de servirlo.

## INGREDIENTES

- 700 g de plátanos maduros
- 200 g de frambuesas
- 350 g de azúcar
- 1 limón

*Tiempo de...*

Este postre es muy apropiado para hacer que los niños que más se resisten a comer fruta lo hagan casi sin darse cuenta. Incluso pueden participar en su preparación.

*La receta*

# Helado de sandía
## con macedonia

🍴 4 | ⏱ 25 min | ★ ★ ☆ | 184 **kcal**

**Pela la sandía** y trocea la pulpa retirando las semillas. Mézclala con la leche y el azúcar y tritúrala hasta obtener un puré fino.

**Congela el puré** aproximadamente 2 horas. Cada 30 minutos remueve con un tenedor para romper los cristales de hielo.

**Monta las claras** a punto de nieve con las varillas eléctricas y añádelas al helado, con movimientos envolventes para que no pierdan volumen. Deja en el congelador de nuevo durante 2 horas.

**Lava las cerezas,** sécalas, córtalas por la mitad y retírales los huesos. Pela el melocotón y lava la pera. Corta ambos en daditos.

**Reparte los trozos de fruta** fresca en 4 copas o en cuencos para postre y corona la presentación con una bola de helado.

**Si lo prefieres,** también puedes servir la macedonia de frutas mezclada con el helado de sandía.

## INGREDIENTES

- 600 g de sandía
- 200 ml de leche evaporada
- 2 claras de huevo
- 4 cucharadas de azúcar
- 100 g de cerezas
- 1 melocotón
- 1 pera

*Tiempo de...*

Puedes preparar un rico helado de melón, también de temporada, utilizando esta misma receta. Si lo haces añádele unas hojas de menta lavadas.

*La receta*

# Tarta de compota
## de ciruelas rojas

🍴10 | ⏱ 1 h 35 min | ★ ★ ☆ | 225 **kcal**

**Forma un volcán con la harina** y pon en el hueco la mantequilla troceada, la ralladura de limón, 40 gramos de azúcar, la yema de huevo y 2 cucharadas de agua.

**Amasa los ingredientes** anteriores y forma una bola. Envuélvela en film y déjala en la nevera unos 30 minutos.

**Lava las ciruelas,** trocea la mitad de ellas y cuécelas aproximadamente 30 minutos con el azúcar moreno, a fuego muy lento y removiendo a menudo. Deja enfriar.

**Saca la masa de la nevera,** estírala con el rodillo y forra un molde. Pincha el fondo unas cuantas veces y cuécela 10 minutos en el horno precalentado a 180 ºC.

**Rellena la masa con la compota** de ciruelas, añade las ciruelas restantes partidas por la mitad y deshuesadas, espolvorea con el resto del azúcar y hornea 30 minutos. Deja enfriar y sirve.

## INGREDIENTES

- 200 g de harina
- 50 g de azúcar
- 100 g de mantequilla
- 1 limón
- 1 yema de huevo
- 1 kg de ciruelas rojas
- 4 cucharadas de azúcar moreno

*Tiempo de...*

Las ciruelas rojas son especialmente adecuadas para preparar postres. ¿El motivo? Suelen ser más dulces que las amarillas. Ambas son muy ricas en agua.

*Vuelve el frío*

# En otoño, sabores más intensos

Durante esta estación puedes elegir entre una gran variedad de vegetales, algunos de temporalidad muy breve. Apuesta por ellos y utilízalos a menudo en recetas más cálidas, que nos preparan frente a las bajas temperaturas.

Marrones, amarillos y naranjas tiñen con su calidez cromática los platos típicos de otoño a través de alimentos como las setas, los frutos secos, el membrillo, la pera, el boniato y la calabaza.

Muchos de los ingredientes de esta temporada, además, suelen estar en su mejor época durante un periodo muy breve de tiempo, como ocurre por ejemplo con los higos, la chirimoya y la granada.

Todo ello hace del otoño una estación muy singular gastronómicamente hablando. Aprovéchala para sacar el máximo partido a sus ingredientes entre fogones.

### POTENCIA TUS DEFENSAS

Además de ganar en presencia y aroma, si incorporas las frutas y verduras típicas del otoño a tus platos reforzarás el buen estado de tu sistema inmunitario, algo especialmente útil durante esta estación en la que decimos adiós a las altas temperaturas del verano y poco a poco nos vamos aclimatando al frío.

Los alimentos naranjas y amarillos, que abundan durante estos meses, le deben su color a los carotenoides, unos antioxidantes que, además, refuerzan nuestras defensas. También son ricos en vitamina C, cuyo papel contra las infecciones es bien conocido. En otoño no dejes de tomar...

● **Boniato, energía y sabor.** Es un tubérculo y, al igual que la patata, puede utilizarse en guisos, tortillas o purés. Aporta algo más de azúcar y almidón, lo que lo hace ideal para los más deportistas.

● **Mandarina, dulce y jugosa.** Su sabor, tamaño y la facilidad con la que puede comerse la hacen una de las frutas preferidas por los más pequeños. Es muy ligera y versátil en la cocina: puede utilizarse como ingrediente en macedonias, zumos y también en bizcochos caseros de otoño.

● **Calabaza, saciante y ligera.** Cien gramos de calabaza aportan tan solo 19 kcal. Si la tomas en puré su efecto saciante es aún mayor.

*sabías que...*

**Las peras** protegen la salud de la mucosa intestinal por su riqueza en taninos, que tienen un efecto astringente y antiinflamatorio. Tómalas maduras y sin piel en caso de diarrea y te ayudarán a superarla.

*La receta*

# Pastel
## de puerros

‖4 | ⏱1 h | ★☆☆ | 271 **kcal**

**Elimina la raíz de los puerros** y la parte más verde. Córtalos en rodajas de 1 centímetro de grosor y lávalos bien bajo el grifo. Introdúcelos en una sartén grande o una cazuela, añade un poco de aceite y 1 cucharada de mantequilla y cuece a fuego suave, removiendo de vez en cuando durante 20 minutos.

**Incorpora las gambas** y cuece durante 5 minutos más. Condimenta con sal, pimienta y nuez moscada y reserva.

**Casca los huevos en una fuente** y bátelos con unas varillas. A continuación agrega la nata líquida, el eneldo lavado y picado y el sofrito de puerros y gambas y mezcla bien.

**Unta un molde de tarta** de 20 centímetros de diámetro con un poco de mantequilla y vierte la mezcla anterior. Cuece en el horno, precalentado a 180 °C, durante unos 30 minutos.

**Retira el pastel del horno** comprobando que el centro esté bien cocido (al pincharlo con un palillo este debe salir limpio). Corta en porciones y decora con ramitas de eneldo.

### INGREDIENTES

- 3 huevos
- 200 ml de nata líquida
- 3 puerros
- 150 g de colas de gamba peladas
- Mantequilla
- Una pizca de nuez moscada
- 2 ramitas de eneldo
- Aceite de oliva
- Sal
- Pimienta

*Tiempo de...*

Septiembre marca el inicio de la temporada del puerro, una hortaliza que, por su riqueza en fibra, resulta saciante. Casa bien como guarnición de carnes y pescados.

## *La receta*
# Sopa de verduras
# de temporada

5 | ⏱ 55 min | ★ ☆ ☆ | 178 **kcal**

**Pon una olla al fuego** con un poco de aceite y, cuando esté caliente, rehoga los ajos, la cebolla y los puerros picados.

**Agrega los tomates** pelados, troceados y sin semillas cuando las verduras empiecen a dorarse. Continúa la cocción hasta que absorban el agua que desprenden los tomates.

**Añade el pimiento verde** picado. Salpimienta y agrega 1 cucharadita de pimentón dulce. Remueve inmediatamente.

**Incorpora la col** cortada en juliana pasados 3 minutos, y deja que cueza todo lentamente. Cuando la col esté lista con el resto de las verduras llena la olla de agua caliente y sube el fuego.

**Cuando el agua rompa a hervir** añade los guisantes, la patata cortada finamente y la coliflor separada en ramitos.

**Agrega las acelgas** cortadas en juliana pasados 5 minutos. Baja el fuego y deja que continúe la cocción hasta que las verduras estén totalmente cocidas. Si es necesario rectifica de sal antes de servir.

## INGREDIENTES

- 2 dientes de ajo
- 2 puerros
- 1 cebolla mediana
- 2 tomates maduros grandes
- 1 pimiento verde
- 100 g de guisantes
- 1/2 col pequeña
- 1/2 coliflor pequeña
- 1 patata
- 500 g de acelgas
- Pimentón dulce
- Aceite de oliva
- Sal
- Pimienta

## *Tiempo de...*

Para convertir esta sopa en un plato aún más típico del otoño puedes añadirle níscalos frescos, una seta exquisita que enriquecerá la receta con su sabor y aroma.

## *La receta*
# Arroz meloso
# con queso al vino

⫙4 | 🕐35 min | ★★☆ | 414 **kcal**

**Pela la calabaza,** límpiala de semillas y córtala en dados de aproximadamente 2 centímetros de grosor.

**Pela también la cebolla** y los ajos; parte en daditos la primera y pica los segundos. Lava, seca y pica el tomillo. Ralla el queso parmesano y calienta el caldo vegetal.

**Funde la mitad de la mantequilla,** añade la cebolla y el ajo y sofríelos durante 5 minutos. Agrega la calabaza, salpimienta y prosigue la cocción otros 5 minutos.

**Incorpora el arroz,** tuéstalo 2 minutos, removiendo, y riega con el vino blanco y 2 cacillos de caldo hirviendo. Deja cocer aproximadamente 15 minutos, agrega 1 cacillo de caldo y mezcla cada vez que se evapore el anterior.

**Añade el tomillo,** ajusta de sal y pimienta, y agrega el resto de la mantequilla, del queso parmesano y del caldo. Remueve durante 2 minutos y sírvelo en seguida.

### INGREDIENTES

- 240 g de arroz arborio
- 400 g de calabaza
- 1 cebolla
- 2 dientes de ajo
- 1 copita de vino blanco
- 900 ml de caldo vegetal
- 30 g de mantequilla
- 30 g de queso parmesano
- 1 ramita de tomillo
- Sal
- Pimienta

## *Tiempo de...*

La calabaza es una de las reinas del otoño. Es un ingrediente muy versátil que puedes utilizar tanto en platos principales como en postres.

*La receta*

# Setas con salsa
# de castañas

🍽 4 | ⏱ 35 min | ★ ☆ ☆ | 401 **kcal**

**Limpia las colmenillas** con una brocha. Sumérgelas en un cazo con aceite de oliva y tomillo y confítalas durante aproximadamente 10 minutos a fuego bajo. Reserva.

**Pela y cuece las castañas** unos 12 minutos. Mientras tanto comienza a pochar las chalotas picadas y, después, incorpora las setas de cardo troceadas y las castañas.

**Riega con el jerez** y parte del agua de la cocción de las castañas. Cuece durante unos 10 minutos.

**Añade la leche,** salpimienta y deja reducir unos minutos más. Tritura la mezcla de setas y castañas y cuela.

**Sirve las colmenillas** acompañadas de esta salsa. Para darle un toque diferente de color al plato que contraste con el marrón de la salsa y de las setas puedes decorarlo con unas ramitas de cebollino.

## INGREDIENTES

- 8 setas colmenillas
- 2 chalotas
- 4 setas de cardo
- 50 g de castañas
- 1 vaso de jerez dulce
- 1 vaso de leche
- Tomillo
- Aceite de oliva
- Sal
- Pimienta

*Tiempo de...*

Este plato combina muy bien dos de los alimentos estrella del otoño: las setas y las castañas. Si lo prefieres, puedes servirlo como un salteado.

*La receta*
# Canelones
## de requesón

¶ 4 | ⏱ 30 min | ★ ☆ ☆ | 331 **kcal**

**Cuece las láminas de pasta** en abundante agua salada con un chorrito de aceite. Incorpóralas al agua de cocción de una en una y así evitarás que se peguen entre ellas.

**Cuando estén al dente** escúrrelas y enfríalas pasándolas por agua fría. Déjalas extendidas sobre un paño hasta que se sequen.

**Limpia y lava el brócoli,** la coliflor y las judías verdes. Separa los dos primeros en ramitos y despunta y trocea las últimas. Cuécelos en agua salada aproximadamente 10 minutos. Escúrrelos, déjalos enfriar y pícalos bien finos.

**Lava, seca y pica el cebollino** y la albahaca. Tritura la mitad de ambos con 4 cucharadas de aceite y salpimienta. Mezcla entonces el requesón con el resto del cebollino y la albahaca. Salpimienta y añade el brócoli, la coliflor y las judías verdes. Remueve.

**Reparte la mezcla** sobre los canelones. Enróllalos y sírvelos regados con el aceite de albahaca y cebollino.

## INGREDIENTES

- 12 láminas de pasta para canelones
- 200 g de brócoli
- 200 g de coliflor
- 200 g de judías verdes
- 200 g de requesón
- Albahaca
- Cebollino
- Aceite de oliva
- Sal
- Pimienta

*Tiempo de...*

El brócoli pertenece, junto a la col y la coliflor, a la familia de las crucíferas. Diversos estudios han probado sus propiedades anticancerígenas.

## La receta
# Pulpo con patatas,
## guindilla y pimentón

4 | 1 h 20 min | ★ ☆ ☆ | 215 **kcal**

**Congela el pulpo** 48 horas. Descongélalo, límpialo y lávalo. Lleva a ebullición abundante agua con sal y el laurel lavado.

**Sujeta bien el pulpo** por la cabeza, sumérgelo en el agua hirviendo y retíralo. Repite esta operación 2 veces.

**Introdúcelo en la cazuela** y cuécelo durante 45 minutos. Deja que se temple en el agua y entonces escúrrelo y trocéalo.

**Lava las patatas y cuécelas** en el caldo del pulpo 35 o 40 minutos. Escúrrelas, déjalas templar, pélalas y córtalas en rodajas gruesas.

**Pela los ajos y córtalos en láminas.** Trocea la guindilla. Dóralos en una sartén con 2 cucharadas de aceite.

**Añade el pulpo troceado** y rehógalo unos instantes. Reparte las rodajas de patata en 4 platos e incorpora el pulpo.

**Espolvorea con pimentón** y sal y sirve en seguida. También puedes decorarlo con una ramita de perejil.

### INGREDIENTES

- 1 pulpo de 1 kg
- 3 patatas
- 1 hoja de laurel
- 2 dientes de ajo
- 1 guindilla pequeña
- 1 cucharadita de pimentón de La Vera
- Aceite de oliva
- Sal

## Tiempo de...

Aunque pueden encontrarse en los mercados durante todo el año, septiembre y octubre suelen ser meses especialmente buenos para la pesca del pulpo.

*La receta*
# Salmonetes al horno
## con tomate

🍴 4 | ⏱ 35 min | ★ ☆ ☆ | 174 **kcal**

**Lava los tomates,** elimina el rabito, córtalos por la mitad y colócalos en una fuente apta para el horno.

**Pela y pica el diente de ajo** y mézclalo en un bol con una pizca de perejil picado, 1 cucharada de pan rallado, sal, pimienta y 1 cucharadita de pimentón dulce.

**Cubre con la mezcla** los tomates y rocía con una cucharada de aceite de oliva. Introdúcelos entonces en el horno, precalentado a 200 °C, y cuécelos durante 30 minutos.

**Abre los salmonetes** por el vientre, lávalos por dentro y elimina las posibles escamas. Sécalos, colócalos en otra fuente y salpiméntalos. Rocía con un hilo de aceite y hornéalos 20 minutos.

**Sirve los salmonetes** con las alcaparras alrededor y los tomates. Decora con unos tallos de cebollino.

## INGREDIENTES

- 8 salmonetes
- 4 tomates rojos
- 1 cucharada de alcaparras en vinagre
- 1 diente de ajo
- Pan rallado
- Perejil picado
- Pimentón dulce
- Cebollino
- Aceite de oliva
- Sal
- Pimienta

*Tiempo de...*

El salmonete está en plena temporada de octubre a diciembre. Su riqueza en yodo es una de las principales virtudes de este pescado.

## *La receta*
# Gambas y setas
## gratinadas con bechamel

❙❙ 4 | 🕐 35 min | ★ ☆ ☆ | 185 **kcal**

**Limpia las setas,** lávalas y córtalas en láminas. Rehógalas 4 minutos en una sartén con 2 cucharadas de aceite de oliva y el ajo pelado y picado. Salpimienta.

**Añade las gambas peladas** y cuece 1 minuto. Espolvorea el salteado con perejil picado y reserva.

**Funde la mantequilla,** añade la harina y tuéstala. Vierte la leche en un hilo, salpimienta y aromatiza con una pizca de nuez moscada. Cuece todo sin dejar de remover con la ayuda de unas varillas hasta obtener una bechamel ligera.

**Reparte las setas y las gambas** en 4 cazuelitas individuales. Vierte la bechamel y espolvoréalas con el queso emmental rallado.

**Gratina las cazuelitas** en el horno hasta que la superficie adquiera un apetitoso tono dorado. Presenta sobre un plato de servicio y llévalas a la mesa en seguida.

### INGREDIENTES

- 200 g de setas de cardo
- 150 g de gambas
- 400 ml de leche
- 40 g de mantequilla
- 40 g de queso emmental rallado
- 40 g de harina
- 1 diente de ajo
- Nuez moscada
- Perejil picado
- Aceite de oliva
- Sal
- Pimienta

### *Tiempo de...*

La gamba rosada está en su temporada óptima de pesca de octubre a diciembre. Aprovéchalo para incorporar este ingrediente a tus recetas de otoño.

*La receta*

# Salteado de pavo
# y verduritas de otoño

🍴 4 | ⏱ 45 min | ★☆☆ | 246 **kcal**

**Corta la pechuga de pavo** en bastones. Parte las judías verdes por la mitad. Trocea la cebolla y la col en juliana.

**Separa el brócoli** en ramilletes. Corta la pulpa de la calabaza en tiras y lamina los ajos. Una vez todos los ingredientes preparados, cuece las judías verdes y el brócoli por separado y reserva.

**Salpimienta la carne** y dórala al wok con los ajos laminados. Retira y saltea en el mismo recipiente la cebolla, la col, la calabaza, las judías verdes y el brócoli.

**Incorpora de nuevo el ajo** laminado y los bastones de pavo al wok, junto al resto de verduras, y cocina 2 minutos más.

**Sirve el salteado en un bol** o, si lo prefieres, en un plato llano y decora con las pipas de calabaza por encima.

## INGREDIENTES

- 1 pechuga de pavo
- 150 g de judías verdes
- 150 g de brócoli
- 150 g de col lombarda
- 150 g de calabaza
- 1 cebolla morada
- 2 dientes de ajo
- 30 g de pipas de calabaza peladas
- Aceite de oliva
- Sal
- Pimienta

*Tiempo de...*

La calabaza, el brócoli y la col lombarda comparten protagonismo en esta receta llena de color y rica en vitaminas y antioxidantes.

*La receta*

# Conejo relleno
## de frutos secos

🍴 4 | ⏱ 1 h | ★★☆ | 380 **kcal**

**Mezcla en un bol la carne picada** con los frutos secos, el pan previamente humedecido, la yema de huevo, una pizca de tomillo y sal. Remueve bien con una cuchara de madera.

**Rellena el conejo deshuesado** con la mezcla de carne picada y enróllalo con mucho cuidado.

**Ata con hilo bramante** y hornea aproximadamente 40 minutos, regando de vez en cuando con el vino blanco.

**Hierve las patatas** con agua, aceite y sal mientras tanto. Pásalas a continuación por el pasapurés.

**Saltea las setas** (previamente lavadas y troceadas si su tamaño así lo requiere) en una sartén antiadherente con aceite de oliva.

**Sirve el conejo troceado** con el jugo del asado y acompaña con el puré, las setas y unas hojitas de romero.

## INGREDIENTES

- 1 conejo deshuesado
- 400 g de carne picada
- 20 g de pan
- 1 yema de huevo
- 30 g de frutos secos
- 300 g de setas
- 1 vaso de vino blanco
- Romero
- Tomillo
- 4 patatas
- Aceite de oliva
- Sal

*Tiempo de...*

Frutos secos y setas le dan un sabor típicamente otoñal a este plato, que en otra estación puedes preparar con verduras de temporada.

*La receta*

# Higos caramelizados
## con helado de yogur

🍴 4 | ⏱ 35 min | ★ ★ ☆ | 320 **kcal**

**Monta la nata** con el azúcar y mézclala con el yogur. Introduce la mezcla en el congelador. Transcurrida media hora, monta las claras a punto de nieve con una pizca de sal.

**Saca la mezcla** del congelador, remueve bien y añade las claras montadas con cuidado de que no bajen. Vuelve a meter la mezcla en el congelador un mínimo de 2 horas.

**Introduce el azúcar restante,** el agua y el brandy en un cazo y caliéntalos a fuego lento. Cuando el agua haya reducido a la mitad, agrega los higos lavados y cortados en rodajas finas.

**Continúa la cocción** hasta que haya reducido la mayoría de agua y el caramelo empiece a tener un color doradito. Apaga entonces el fuego y retira los higos con cuidado.

**Saca el helado de yogur** de la nevera, haz 4 bolas y ponlas en cada uno de los platos que vas a servir y, alrededor, los higos.

## INGREDIENTES

- 8 higos maduros
- 60 g de azúcar
- 1 cucharada de brandy
- 1/2 vaso de agua

Para el helado:
- 400 g de yogur
- 125 ml de nata líquida
- 80 g de azúcar
- 2 claras de huevo
- Sal

*Tiempo de...*

Los higos están en su mejor época desde agosto hasta octubre. Son ricos en fibra y no engordan tanto como algunos creen: aportan solo 65 kcal por cada 100 gramos.

*La receta*

# Batido de yogur,
## plátano y granada

🍴 4 | ⏱ 25 min | ★ ☆ ☆ | 155 **kcal**

**Pela la manzana y el plátano,** corta 4 láminas finas de manzana y 4 rodajas de plátano. Reserva. El resto trocéalo en cuadraditos que sean más o menos del mismo tamaño y viértelos en un bol.

**Corta la lima por la mitad** y exprímela. Rocía con el zumo tanto los trozos como las láminas de manzana y plátano.

**Parte también la granada** por la mitad y golpea la piel con una cuchara. De esta forma podrás retirar fácilmente sus granos.

**Elimina las pieles** amarillas que pueden quedar enganchadas en los granos y mézclalos con la manzana y el plátano en cuadrados.

**Bate los yogures** con el azúcar moreno, la canela en polvo y un poco de ralladura de la piel de la lima.

**Vierte el batido en 4 copas** individuales y añade la macedonia de plátano, manzana y granada. Mezcla y corona cada copa con 1 lámina de plátano y otra de manzana.

## INGREDIENTES

- 2 yogures desnatados
- 1 granada
- 1 plátano
- 1 manzana
- 1 lima
- 2 cucharadas de azúcar moreno
- Canela en polvo

*Tiempo de...*

La temporada de la granada es corta. Incorpórala de octubre a diciembre a ensaladas, macedonias e incluso a guisos de carne.

*La receta*

# Copa de cacao
## con frutas de temporada

🍴4 | ⏱ 50 min | ★ ☆ ☆ | 391 **kcal**

**Abre los maracuyás** y vacíalos. Calienta al baño María el chocolate roto en trozos y mezclado con el agua, hasta que se funda.

**Remueve bien** para que quede homogéneo y añade dos tercios de la pulpa de maracuyá. Reparte el chocolate en 4 copas.

**Parte las chirimoyas** por la mitad y, con la ayuda de una cuchara, vacía la carne con cuidado en un colador chino.

**Aprieta con un cucharón** hasta que haya salido toda la crema y queden las pepitas más o menos limpias. Reparte esta crema sobre la de chocolate e introduce las copas en la nevera.

**Mezcla con la leche** el resto del maracuyá. Bate la mezcla resultante en la batidora, a velocidad suave, hasta que se forme una capa de espuma. Recógela con una cuchara y termina con ella las copas. Sirve el batido en seguida.

### INGREDIENTES

- 8 maracuyás
- 150 g de chocolate al 70% de cacao
- 4 cucharadas de agua
- 4 chirimoyas bien maduras
- 1 vaso de leche

*Tiempo de...*

Octubre marca el inicio de la temporada de la chirimoya, una fruta muy rica en fibra que contribuye a regular el tránsito intestinal.

*La receta*

# Tartaleta de chocolate y mandarina

Ⅱ 4 | ⏱ 35 min | ★ ★ ☆ | 490 **kcal**

**Precalienta el horno** a 180 °C. Mezcla la harina, la mantequilla, la yema de huevo, una pizca de sal, un poco de ralladura de limón y los 50 gramos de azúcar glas.

**Extiende esta pasta** con el rodillo en una superficie de trabajo enharinada, córtala con un cortapastas y forra 8 moldecitos para tartaletas ligeramente engrasados.

**Cubre con papel para horno** y legumbres y hornéalas durante 15 minutos. Luego, déjalas enfriar y congélalas.

**Para elaborar el relleno,** bate los huevos con la yema y el azúcar glas hasta obtener un compuesto espumoso.

**Añade la nata líquida** y cuece al baño María durante 5 minutos. Agrega el chocolate troceado y remueve hasta que se funda.

**Descongela las tartaletas** y reparte en su interior la crema de chocolate. Hornéalas a 150 °C, 15 minutos. Retíralas del horno, déjalas entibiar y desmóldalas. Decora con gajos de mandarina y sirve.

## INGREDIENTES

- 125 g de harina
- 50 g de azúcar glas
- 1 yema de huevo
- 75 g de mantequilla
- 1 limón
- Sal

Para el relleno:
- 2 huevos + 1 yema
- 90 g de azúcar glas
- 2,2 dl de nata líquida ligera
- 100 g de chocolate fondant
- 6 mandarinas

*Tiempo de...*

Las mandarinas alegran los postres de otoño con su delicado sabor y su intenso aroma. Son ricas en vitamina C, ácido fólico y provitamina A.

*Con vegetales*

# En invierno, apuesta por los guisos

Esta estación invita a degustar sopas, potajes y otros platos de cuchara, muy reconstituyentes y que nos ayudan a llevar mejor las bajas temperaturas. Haz de las verduras de temporada su ingrediente estrella y serán más ligeros.

Los meses más fríos del año suelen ser, también, los más hogareños. En invierno nos gusta pasar más tiempo en casa, muchas veces sentados alrededor de una mesa, disfrutando de un estupenda velada en compañía de familiares y amigos.

Esta estación, pues, es un buen momento para dedicar algo más de tiempo a la cocina, elaborando nuevas recetas y combinaciones que, seguro, enriquecerán tus menús habituales y les darán más variedad.

### BLANCOS Y VERDES EN TUS RECETAS

En los alimentos de la temporada de invierno predominan los de color blanco, que contribuyen a fortalecer nuestras defensas; y los verdes oscuros, muy ricos en vitaminas y minerales. Incluye en tus menús…

● **Espinacas, salud de hierro.** Tómalas a menudo porque sus beneficios para la salud son numerosos: son buenas para la vista y reducen el riesgo de sufrir anemias, entre otras virtudes. No es de extrañar porque las espinacas aportan buena cantidad de vitaminas (C, E, del grupo B…) y minerales (calcio, hierro, magnesio…). Además son muy ligeras: contienen tan solo 21 kcal por cada 100 gramos.

● **Aguacate, bueno para el corazón.** Sus grasas monoinsaturadas contribuyen a mantener a raya el colesterol malo (LDL), uno de los principales factores de riesgo cardiovascular. También te conviene tomarlo si necesitas reducir tus niveles de tensión arterial porque es rico en potasio y pobre en sodio.

● **Kiwi, fuente de fibra.** Elígelo como postre en la cena o como pieza de fruta en el desayuno y te ayudará a activar el tránsito intestinal. Este alimento, además, es rico en ácido fólico, imprescindible para el buen funcionamiento del sistema inmunitario.

● **Manzana, una fruta muy completa.** Ayuda a mantener un peso correcto, contiene numerosos antioxidantes, es de fácil digestión y tiene un efecto tónico muy beneficioso contra la fatiga y el decaimiento.

*sabías que...*

**Las alcachofas** contienen cinarina, un compuesto que contribuye a mantener la vesícula en buen estado. Y otro de sus componentes, la inulina, refuerza la salud de la flora intestinal y reduce el nivel de azúcar en sangre.

*La receta*

# Ensalada con aguacate, manzana y cítricos

¶4 | ⏱15 min | ★☆☆ | 245 **kcal**

**Exprime el medio limón** para extraer su zumo. Corta los aguacates por la mitad a lo largo y gira las dos mitades en sentido contrario una de otra hasta que se desprenda el hueso de una de ellas. Retira el hueso y forma bolitas con la ayuda de una cucharita vaciadora. Rocíalas con zumo de limón para que no ennegrezcan.

**Lava y seca la manzana,** quítale el corazón y, sin pelarla, córtala en gajos finos; rocíalos también con limón para que no se oxiden.

**Pela la naranja y la mandarina,** córtalas en gajos a lo vivo y estruja la parte fibrosa sobrante para aprovechar el zumo. Lava y seca la lechuga y, a continuación, trocéala.

**Mezcla el zumo de limón** restante con el de mandarina y naranja. Añade 4 cucharadas de aceite de oliva y una pizca de sal y bate hasta que emulsione para obtener la vinagreta de cítricos.

**Reparte en los platos** las lechugas y los gajos de naranja, mandarina y manzana. Incorpora las bolitas de aguacate y aliña con la vinagreta de cítricos. Sirve.

## INGREDIENTES

- 2 aguacates
- 1 manzana
- 200 g de mézclum de lechugas
- 1 naranja
- 1 mandarina
- 1/2 limón
- Aceite de oliva
- Sal

*Tiempo de...*

Aunque podemos disponer de aguacates durante todo el año, es en otoño y en invierno cuando están en su momento óptimo de maduración y sabor.

## La receta
# Espinacas a la
# crema con limón

Y4 | ⏱ 20 min | ★ ☆ ☆ | 273 **kcal**

**Limpia las espinacas** sumergiéndolas en agua fría y déjalas unos minutos en remojo para que la tierra se acumule en el fondo. Escúrrelas bien y elimina los tallos duros y fibrosos.

**Vierte 4 cucharadas de aceite** en una cazuela amplia y calienta a fuego suave. Añade la cebolleta y los ajos picados y una pizca de sal. Remueve y rehoga suavemente, sin que lleguen a coger color.

**Sube la intensidad del fuego** y agrega las espinacas crudas y troceadas. Remuévelas ligeramente con una cuchara de madera o una espátula y cúbrelas con una tapa.

**Deja cocer durante 10 minutos** o hasta que haya mermado el volumen de las espinacas y el agua se haya consumido. Luego, añade la nata líquida y un poco de sal y deja que vaya reduciendo y tomando un aspecto cremoso.

**Cuando las espinacas** estén ligadas con la nata, añade una pizca de pimienta recién molida y la ralladura de la piel de limón. Remueve durante unos segundos y sirve.

### INGREDIENTES

- 1 kg de espinacas frescas
- 1 cebolleta
- 2 dientes de ajo
- Aceite de oliva
- 400 ml de nata líquida
- La piel de 1/2 limón
- Sal
- Pimienta

## Tiempo de...

Las espinacas son una de las verduras de invierno por excelencia. Contienen abundantes folatos, que fortalecen las defensas del organismo.

## La receta
# Consomé de pollo
## con verduras de temporada

🍴 4 | ⏱ 1 h 50 min | ★ ☆ ☆ | 85 **kcal**

**Limpia, lava y trocea** las verduras del caldo (puerro, zanahoria, apio y nabo). Sofríelas en 2 cucharadas de aceite 3 o 4 minutos.

**Añade las carcasas de pollo** lavadas, cubre con 1 litro y medio de agua, salpimienta y cuece 1 hora y 30 minutos.

**Cuela el caldo,** viértelo de nuevo en la olla y lleva a ebullición. Añade las claras ligeramente batidas.

**Deja cocer a fuego suave** unos 10 minutos y retira con un cucharón toda la espuma que se forme en la superficie.

**Limpia y lava las judías verdes** y el puerro. Trocea las primeras y parte en rodajas el segundo. Raspa la zanahoria, lávala y córtala también en rodajas. Desgrana los guisantes.

**Cuece las verduras** en agua con sal aproximadamente 8 minutos. Escúrrelas, añádelas al caldo y sirve.

### INGREDIENTES

- 150 g de guisantes
- 1/2 puerro
- 1 zanahoria
- 80 g de judías verdes

Para el caldo:
- 2 carcasas de pollo
- 1 puerro
- 1 zanahoria
- 1 penca de apio
- 1 nabo
- 2 claras de huevo
- Aceite de oliva
- Sal
- Pimienta

## Tiempo de...

Si quieres, puedes añadir otras verduras también de temporada durante la elaboración de este caldo ligero y recomendable para combatir el frío, como por ejemplo la col.

## La receta
# Coca de alcachofas, rúcula y queso curado

¶ 4 | ⏱ 1 h 30 min | ★ ★ ☆ | 350 **kcal**

**Amasa la harina con la levadura** disuelta en 150 ml de agua tibia, 1 cucharada de aceite y 1 cucharadita de sal en un cuenco amplio, hasta obtener una pasta elástica. Deja reposar 30 minutos.

**Limpia las alcachofas,** retírales con cuidado los pelillos que tienen en la parte central y córtalas en láminas.

**Rocía las láminas de alcachofa** con el zumo de limón y saltéalas, por tandas, en una sartén con 4 cucharadas de aceite.

**Estira la masa con el rodillo** dándole forma de rectángulo, ponla sobre una placa de horno forrada con papel sulfurizado y píntala con un poco de aceite de oliva.

**Cubre la masa con las alcachofas** y hornea 35 minutos a 200 ºC. Decora la coca con el queso cortado en láminas muy finas y la rúcula, lavada y seca. Sirve la coca cortada en porciones.

**Puedes espolvorear** un puñadito de hierbas aromáticas (orégano, albahaca, tomillo…) como toque final si lo deseas.

### INGREDIENTES

- 300 g de harina
- 5 g de levadura fresca
- 3 alcachofas
- 100 g de queso curado
- 100 g de rúcula
- 1/2 limón (su zumo)
- Aceite de oliva
- Sal

## Tiempo de...

Las alcachofas están en plena temporada desde otoño hasta principios de primavera. Si al apretarlas ligeramente cerca de tu oído oyes que crujen, es que están frescas.

## La receta
# Rollitos de invierno
## con legumbres

🍴 4 | ⏱ 30 min | ★ ★ ☆ | 320 **kcal**

**Pela y pica la cebolla** muy fina. Trocea entonces los pepinillos y el cebollino y ralla la zanahoria. Lava y trocea también el apio.

**Saltea la cebolla picada** con un poco de aceite de oliva junto a la rama de apio que acabas de trocear.

**Incorpora a la sartén** el cebollino, los pepinillos y la zanahoria. Sazona y mantén a fuego medio durante unos 2 minutos.

**Escurre el agua de las legumbres,** enjuágalas y añádelas a la sartén. Cocina hasta que empiecen a tomar un color dorado.

**Extiende la pasta brick** en la encimera y córtala en cuadrados. Dispón encima un poco de salteado y cierra a modo de rollito.

**Dora ligeramente los rollitos** en la sartén y sirve en un plato llano con la crema de vinagre balsámico.

## INGREDIENTES

- 4 planchas de pasta brick
- 150 g de lentejas cocidas
- 150 g de garbanzos cocidos
- 1 cebolla
- 1 rama de apio
- 1 zanahoria
- 4 pepinillos en vinagre
- Crema de vinagre balsámico
- Cebollino
- Aceite de oliva
- Sal

### Tiempo de...
Añadir apio a recetas con legumbres es una buena idea porque favorece las digestiones. De octubre a febrero está en su mejor temporada.

## *La receta*
# Caballas sobre
# patata a la plancha

🍽 4 | ⏱ 45 min | ★ ☆ ☆ | 378 **kcal**

**Limpia las caballas,** córtalas por la mitad, lávalas y reserva. Pica y sofríe los ajos, el puerro y la cebolla.

**Hierve las patatas** unos 35 minutos y, una vez estén bien hechas, déjalas enfriar en su agua de cocción.

**Pela y corta las patatas** en lonchas de aproximadamente 3 centímetros de grosor y pásalas por la plancha unos minutos hasta que se doren bien por ambos lados. Reserva.

**Corta en daditos el apio** y la zanahoria y dóralos en una sartén. Incorpora tomillo, laurel, clavo, sal y pimienta.

**Rehoga 10 minutos** las hortalizas, riega con el vino blanco y el vinagre y cocina unos 10 minutos más.

**Empapa las caballas** en la salsa anterior, cuece durante 8 minutos y deja enfriar. A continuación sirve una ración de caballa y verduritas sobre cada loncha de patata.

### INGREDIENTES

- 2 caballas
- 2 patatas
- 1 zanahoria
- 1 puerro
- Apio
- 1 cebolla
- 3 dientes de ajo
- Clavo, tomillo y laurel
- Pimienta negra en grano
- 1 vaso de vinagre
- 1/4 vaso de vino blanco
- Aceite de oliva y sal

## *Tiempo de...*

La caballa es una buena opción para consumir pescado azul fresco en invierno, porque inicia su temporada antes que la mayoría de especies de su familia.

*La receta*

# Alubias blancas
## con berberechos

🍴 4 | 🕐 20 min | ★ ☆ ☆ | 293 **kcal**

**Pela y pica la cebolla** y los ajos. Lava las alubias cocidas bajo el chorro del agua para eliminar los restos de sodio.

**Calienta el caldo** de pescado y, mientras tanto, pica el perejil bien finito con un cuchillo o bien con unas tijeras de cocina.

**Sofríe la cebolla** en una sartén grande con 2 cucharadas de aceite de oliva durante 5 minutos y, entonces, añade los ajos picados.

**Incorpora el vino blanco** y los berberechos a los 2 minutos. Mantén la sartén tapada hasta que los moluscos se abran.

**Añade las alubias cocidas** y escurridas, el caldo de pescado caliente y el perejil bien picado.

**Salpimienta** y mantén la cocción 5 minutos más. Sirve en 4 platos hondos o boles y decora con una ramita de perejil.

**INGREDIENTES**

- 800 g de alubias blancas cocidas
- 500 g de berberechos frescos
- 2 dientes de ajo
- 1 cebolla
- 1 copita de vino blanco
- 1 vaso de caldo de pescado
- Perejil
- Aceite de oliva
- Sal
- Pimienta

*Tiempo de...*

Los berberechos son muy ligeros y ricos en hierro. Para que suelten los restos de arena que puedan contener sumérgelos en agua salada durante 2 horas.

## La receta
# Lasaña dúo
## de setas y bacalao

🍴 4 | ⏱ 35 min | ★★☆ | 402 **kcal**

**Hierve las láminas de lasaña** en agua con aceite y sal el tiempo indicado por el fabricante en el envase. Sumérgelas en un cuenco con agua fría para que no se pasen y reserva.

**Pela las cebolletas** y los ajos. Pica bien las primeras y corta los segundos en láminas. Limpia de piel y espinas los filetes de bacalao y trocéalos. Limpia y trocea también las setas.

**Saltea los ajos y las cebolletas** y, cuando cojan color, añade el bacalao y las setas. Cocina durante 3 minutos más y sazona.

**Tuesta las almendras laminadas** sobre la placa de horno recubierta con papel sulfurizado, a 180 °C, durante 3 o 4 minutos.

**Monta el plato** intercalando las láminas de lasaña con el sofrito de setas y bacalao. La primera y la última capa deben ser de pasta.

**Decora con las almendras** tostadas en el horno y las pasas, unas ramas de cebollino y, si te gusta, añade un poco de salsa de pimientos de piquillo. Sirve caliente.

### INGREDIENTES

- 12 láminas de lasaña
- 500 g de setas
- 4 filetes de bacalao fresco
- 3 cebolletas
- 2 dientes de ajo
- 20 g de almendras en láminas
- 20 g de pasas
- Aceite de oliva
- Cebollino
- Sal

## Tiempo de...

El invierno marca el inicio de la temporada del bacalao. Tomarlo potencia el buen funcionamiento del sistema nervioso por su riqueza en potasio y fósforo.

*La receta*

# Ternera con alcachofas
## y salsa de queso

🍴 4 | ⏱ 45 min | ★ ☆ ☆ | 590 **kcal**

**Limpia las alcachofas** y córtalas en cuartos. Resérvalas en agua con el zumo de limón para evitar que sus hojas se ennegrezcan. Lava entonces los tomates y córtalos por la mitad, en horizontal. Colócalos, con las alcachofas escurridas, en una fuente refractaria.

**Salpimienta las alcachofas** y los tomates y ásalos durante aproximadamente 30 minutos en el horno precalentado a 170 °C.

**Pon el vino blanco al fuego** con medio vasito de agua y déjalo reducir un poco. Entonces, retíralo.

**Pasa por la batidora** la reducción de vino junto al queso manchego rallado hasta obtener una salsa fina.

**Salpimienta la carne** y dórala por todos sus lados en una sartén con un poco de aceite de oliva.

**Reparte los tacos de ternera** en 4 platos, con las verduras asadas y la salsa de queso. Espolvorea todo con el cebollino lavado y picado y sirve en seguida, bien caliente.

### INGREDIENTES

- 500 g de lomo de aguja de ternera cortado en tacos
- 4 tomates
- 4 alcachofas
- 150 g de queso manchego semicurado rallado
- 1 limón (su zumo)
- 100 ml de vino blanco
- Aceite de oliva
- Unos tallos de cebollino
- Sal
- Pimienta

*Tiempo de...*

Incorpora a tus menús de invierno recetas elaboradas con alcachofas y te beneficiarás de su efecto diurético, que contribuye a luchar contra la retención de líquidos.

*La receta*

# Muslitos de pollo
## con compota

🍴 4 | ⏱ 40 min | ★ ☆ ☆ | 315 **kcal**

**Sazona los muslitos de pollo** y dóralos en una cazuela con un poco de aceite de oliva caliente.

**Pela y corta las cebollas** en juliana. Distribúyelas en una fuente apta para el horno. Coloca encima los muslitos de pollo que has dorado y riégalos con el vino blanco. Sazona.

**Introduce el pollo** en el horno, que habrás precalentado a 190 °C, y ásalo durante aproximadamente 20 minutos.

**Pela las manzanas,** retira su corazón, trocéalas en cubos de unos 2 o 3 centímetros y riégalas con el zumo del limón.

**Colócalas en un cazo** con medio vaso de agua y 3 cucharadas de azúcar. Cuece las manzanas a fuego suave unos 10 minutos.

**Añade la canela** y continúa la cocción hasta que estén tiernas. Sirve la compota de manzana con el pollo.

## INGREDIENTES

- 8 muslitos de pollo
- 2 cebollas
- 100 ml de vino blanco
- 4 manzanas reineta
- 1 limón
- 1 ramita de canela
- Azúcar
- Aceite de oliva
- Sal

*Tiempo de...*

La manzana reineta es la más indicada para realizar esta receta debido a que, por su textura algo harinosa, requiere una cocción más corta.

*La receta*

# Tarta de peras
## en hojaldre

🍴 8 | ⏱ 45 min | ★☆☆☆ | 265 **kcal**

**Engrasa un molde para tarta** de aproximadamente 24 centímetros de diámetro con mantequilla, fórralo con la masa de hojaldre y pincha el fondo con un tenedor.

**Pela y corta las peras** en láminas finas y ponlas encima de forma acabalgada (que unas pisen ligeramente las otras).

**Precalienta el horno** a 210 ºC. Mezcla el azúcar con el huevo y bate hasta que obtengas una crema espumosa.

**Añade la mantequilla fundida,** mezcla bien con al azúcar y el huevo y baña las peras con la mitad de esta preparación.

**Hornea inmediatamente la tarta** para evitar que el hojaldre se humedezca. Después de 10 minutos abre el horno y riega la tarta con el resto de la crema de azúcar, mantequilla y huevo.

**Baja la temperatura del horno** a 180 ºC y continúa la cocción otros 20 minutos más. Deja reposar la tarta sobre una rejilla y sírvela tibia o fría, entera o en porciones.

## INGREDIENTES

- 1 lámina de masa de hojaldre
- 5 peras
- 1 huevo
- 100 g de azúcar
- 80 g de mantequilla

*Tiempo de...*

Puedes incorporar a esta tarta de hojaldre otras frutas también de temporada, como la manzana, la mandarina o la piña. Combínalas o preséntalas por separado.

*La receta*

# Naranja
## a la vainilla

🍴 4 | 🕐 10 min | ★ ☆ ☆ | 139 **kcal**

**Pela las naranjas** a lo vivo, retirando la pielecilla fina que recubre los gajos. Reserva un trozo de la cáscara.

**Córtalas en rodajas finas** y, a continuación, haz un corte longitudinal a la vaina de vainilla.

**Vierte en un cazo** 1 vaso de agua y añade el azúcar, la vaina de vainilla y el trozo de piel de naranja lavado.

**Lleva a ebullición** y deja cocer, a fuego suave, unos 5 minutos. Apaga la llama, tapa y deja enfriar el almíbar.

**Retira la cáscara de naranja** y la vainilla del almíbar y resérvalas. Reparte las rodajas de naranja en 4 copas de cristal o cuencos.

**Riega la naranja** con el almíbar, decora el postre con la piel de la fruta cortada en juliana y la vainilla troceada y sirve en una copa de postre o un cuenco pequeño.

## INGREDIENTES

- 4 naranjas
- 1 vaina de vainilla
- 6 cucharadas de azúcar

*Tiempo de...*

Las naranjas alegran con su color y sabor los platos de invierno. Contienen abundantes flavonoides, de propiedades antiinflamatorias.

## La receta
# Manzana dorada
## con salsa inglesa

🍴 4 | 🕐 35 min | ★☆☆ | 306 **kcal**

**Pela las manzanas** y retira el corazón. Puedes utilizar un descorazonador o, si no dispones de él, cortar la parte central con mucho cuidado con un cuchillo corto.

**Corta las manzanas** en rodajas de 1 centímetro de grosor y dóralas por ambos lados en una sartén con un poco de aceite de oliva hasta que estén tiernas.

**Prepara una salsa inglesa** mezclando en un bol el azúcar con la maicena y las yemas de huevo.

**Hierve en un cazo la leche** con la vaina de vainilla con un corte a lo largo, añade la mezcla anterior de huevo, azúcar y maicena y espesa a fuego lento sin dejar de remover.

**Dispón las rodajas de manzana** en un plato llano de postre, espolvorea un poco de canela en polvo y acompaña con la salsa inglesa que acabas de preparar.

## INGREDIENTES

- 3 manzanas
- 4 yemas de huevo
- 50 g de azúcar
- 2 vasos de leche desnatada
- 10 g de maicena
- 1 vaina de vainilla
- Canela molida
- Aceite de oliva

## Tiempo de...

Aunque podemos encontrarlas durante todo el año en los mercados, las manzanas están en su punto óptimo de septiembre a marzo.

## *La receta*
# Bombones
# de fruta de invierno

🍽 4-6 | ⏱ 25 min | ★ ☆ ☆ | 310 **kcal**

**Pela el pomelo a lo vivo,** separa sus gajos y trocéalos. Pela la papaya, la pera y la manzana y córtalas en cubitos.

**Pon las láminas de almendra** sobre una bandeja con papel sulfurizado y tuéstalas ligeramente en el horno.

**Funde la mitad del chocolate** al baño María con la mantequilla. Cuando esté bien fundido, incorpora la otra mitad del chocolate picado y mezcla bien hasta que esté todo fundido por completo.

**Baña con el chocolate fundido** un molde de silicona para bombones, retira el exceso de chocolate y espera a que se solidifique.

**Rellena el molde** con la fruta y vuelve a cubrir con el chocolate. Deja reposar unas horas en lugar fresco para que cuaje bien.

**Sirve en bandejitas** rectangulares y decora con las almendras laminadas tostadas por encima y un poco de cacao en polvo.

## INGREDIENTES

- 1 trozo de papaya
- 1 pera
- 1 manzana
- 1 pomelo rosado
- 250 g de chocolate negro
- 2 cucharadas de mantequilla
- 50 g de láminas de almendra
- Cacao en polvo

## *Tiempo de...*

Si el gusto ligeramente amargo del pomelo no te acaba de convencer puedes cambiar este ingrediente por naranja, que también está de temporada.